DIÁRIO DE UM ESCRITOR NA RÚSSIA

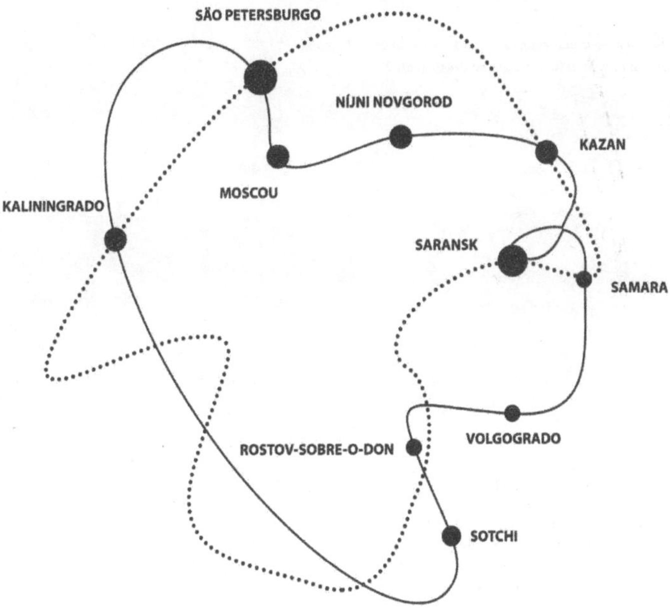

copyright Hedra
edição brasileira© Hedra 2019

primeira edição Primeira edição
edição Jorge Sallum
coedição Felipe Musetti
assistência editorial Luca Jinkings e Paulo Henrique Pompermaier
iconografia Todas as imagens que constam no livro são de autoria de Flávio Ricardo Vassoler
capa Ronaldo Alves
ISBN 978-85-7715-597-2

Grafia atualizada segundo o Acordo Ortográfico da Língua Portuguesa de 1990, em vigor no Brasil desde 2009.

EDITORA HEDRA LTDA.
R. Fradique Coutinho, 1.139 (subsolo)
05416-011, São Paulo-SP, Brasil
Telefone/Fax +55 11 3097 8304

editora@hedra.com.br
www.hedra.com.br

Foi feito o depósito legal.

DIÁRIO DE UM ESCRITOR NA RÚSSIA

Flávio Ricardo Vassoler

1ª edição

hedra

São Paulo_2019

- **Diário de um escritor na Rússia** é um livro composto por textos que caminham na fronteira entre a crônica, a ficção e o ensaio. Para escrevê-lo, Flávio Ricardo Vassoler viajou por 10 cidades da Rússia europeia que receberam jogos da Copa do Mundo de 2018: Moscou, Níjni Novgorod, Kazan, Saransk, Samara, Volgogrado (antiga Stalingrado), Rostov-sobre-o-Don, Sotchi, Kaliningrado (antiga Königsberg) e São Petersburgo. Em diálogo com a literatura e os costumes, a cultura e a história do país cujos caminhos e descaminhos moldaram o transcurso do século XX, a obra funde estórias e histórias para compor um panorama atualíssimo da Rússia que desemboca na protodinastia de Vladímir Putin.

- **Flávio Ricardo Vassoler** é doutor em Teoria Literária e Literatura Comparada pela FFLCH-USP, com pós-doutorado em Literatura Russa pela Northwestern University (EUA). É autor das obras *O evangelho segundo Talião* (nVersos, 2013), *Tiro de misericórdia* (nVersos, 2014) e *Dostoiévski e a dialética: Fetichismo da forma, utopia como conteúdo* (Hedra, 2018), além de ter organizado o livro de ensaios *Fiódor Dostoiévski e Ingmar Bergman: O niilismo da modernidade* (Intermeios, 2012) e, ao lado de Alexandre Rosa e Ieda Lebensztayn, o livro *Pai contra mãe e outros contos* (Hedra, 2018), de Machado de Assis. Escreve para o caderno literário "Aliás", do jornal *O Estado de S. Paulo*, para o caderno "Ilustríssima", do jornal *Folha de S.Paulo*, e para as revistas *Veja* e *Carta Capital*.

Sumário

Essa aparente desordem que, em essência, é a ordem burguesa no mais alto grau.

Fiódor Dostoiévski, *Notas de inverno sobre impressões de verão*[1]

Come ananás, mastiga perdiz
Teu dia está prestes, burguês.

Vladímir Maiakóvski, "Come ananás"[2]

Quem não lamenta o fim da União Soviética não tem coração, mas aquele que quer restaurá-la não tem cérebro.

Assim falou o neotsar russo Vladímir Putin[3]

---

1. Fiódor Dostoiévski, *Notas de inverno sobre impressões de verão*. Tradução de Boris Schnaiderman. São Paulo: Editora 34, 2000, p. 113.

2. Vladímir Maiakóvski, "Come ananás". In: *Poemas*. Tradução de Augusto e Haroldo de Campos e Boris Schnaiderman. São Paulo: Perspectiva, 2017, p. 135.

3. Deparei com a citação de Putin como epígrafe da obra *Limonov*, do escritor francês Emmanuel Carrère. Tradução de Sérgio Teles. Rio de Janeiro: Alfaguara, 2016, p. 7.

Fiódor Dostoiévski, me responda de uma vez: por que a vida e a história não desmentem Franz Kafka, quando ele sentencia que há esperança, mas não para nós?

De futebol e letras

Fábio Altman[1]

Nenhuma Copa do Mundo teria graça se fosse apenas futebol, ainda que pudéssemos grudar nas retinas apenas os lances geniais de Pelé, Cruyff e Maradona. Aquele quase-gol contra o Uruguai em 1970, a *Blietzkrieg* holandesa de 1974 e a milagrosa arrancada do *pibe* contra a Inglaterra em 1986. Pensando nisso, na riqueza do que seria o torneio de 2018 na Rússia, para muito além do gramado, passei um bom tempo quebrando a cabeça de modo a imaginar uma edição especial de *Veja* que desse conta de tanto passado e tanto presente. Das páginas do extraordinário *Uma história cultural da Rússia*, do historiador inglês Orlando Figes, extraí uma frase que me guiaria semanas a fio, o livro pousado ao lado da cama, ora insistentemente aberto, ora fechado. Para Figes, o país "convida o historiador a sondar debaixo da superfície de aparência artística. Nos últimos duzentos anos, as artes da Rússia serviram de arena para o debate político, filosófico e religioso, na ausência do parlamento e da imprensa livre"[2]. Parecia evidente que o esporte, ao desembarcar na Rússia, também não poderia ficar na superfície. Uma ideia, que nasceu pequena, cresceu, mas morreu dado o absurdo de sua concepção, e que renasceria na marra, foi

1. Fábio Altman é redator-chefe da revista *Veja*.

2. Orlando Figes, *Uma história cultural da Rússia*. Tradução de Maria Beatriz Medina. Rio de Janeiro: Record, 2017, p. 21.

a de associar os grandes nomes da seleção brasileira – Tite, Neymar e Gabriel Jesus – a personagens da literatura russa. Não sabia por onde começar, a não ser pela escolha óbvia de *Guerra e paz* como carbono do brasileiro Neymar no francês PSG, como se o craque fosse um Pierre Bezukhov qualquer. Não poderia dar certo – uma saída aparentemente imaginativa, a das comparações, exigiria conhecimento minucioso das letras russas, e não as relações superficiais e sem charme que eu mesmo conseguiria inventar.

Como quase todo jornalista sabe muito pouco de muita coisa, mas sabe achar quem sabe, salvou-me um amigo, o editor e escritor Tiago Ferro, autor do obrigatório e bonito *O pai da menina morta*[3]. Consultado, Tiago não demorou cinco minutos para me indicar Flávio Ricardo Vassoler, a quem não conhecia pessoalmente, mas que colaborara com a revista eletrônica *Peixe elétrico*. Encontrei Flávio Ricardo no *Facebook* (ele estava em viagem de férias e trabalho na Croácia). Marquei um almoço para quando ele retornasse, dali a duas semanas. Antes mesmo da sobremesa, aquele mais novo velho amigo de infância sacou de uma mente sempre elétrica os pares de Tite, Neymar e Gabriel Jesus e ofereceu um cardápio de tradutores e professores que poderiam me acompanhar na empreitada. Tite seria o Tarás Bulba de Nikolai Gógol. Neymar, o Nikolai Stavróguin de *Os demônios*, de Fiódor Dostoiévski. Gabriel Jesus era a cara de Ivan Ilitch, o jurista de *A morte de Ivan Ilitch*, de Liev Tolstói. E assim foi. O time estava completo, e *Veja* chegou às bancas, no início de junho, com essa escalação. Flávio Ricardo, que comprou o plano com o entusiasmo de uma criança presenteada com a primeira bola de futebol, não parou mais, até chegar às páginas deste *Diário de um escritor na Rússia*.

3. Tiago Ferro, *O pai da menina morta*. São Paulo: Todavia, 2018.

Na preparação da edição de *Veja* destinada a apresentar a Copa do Mundo, outro capítulo foi a organização de um campeonato imaginário com dezesseis grandes escritores russos. Eles foram divididos em duas chaves de oito competidores. A convite de *Veja*, um elenco de nove especialistas no tema – tradutores, professores e jornalistas – escolheu o vencedor de cada partida, rodada a rodada, até a finalíssima. Flávio Ricardo era um dos jurados. Inconsolado, quase se revoltou com a vitória de Púchkin, o grande campeão, contra Tolstói. Para ele, foi um erro crasso ter deixado Púchkin vencer Dostoiévski numa das semifinais. Mas não houve VAR que mudasse os resultados, porque regras são regras. Até hoje, rindo, mas seriamente, Flávio Ricardo lamenta a derrota de Dostoiévski, o maior de todos. "Esse título tinha de ser de Fiódor", ele resume. Contaminado pelo vírus do que *Veja* desenhava, o "professor", como ficou conhecido entre os jornalistas que cobririam a Copa, e a quem convidei a dar uma palestra sobre história e literatura dias antes do embarque, queria muito mais – o pouco que lhe fora oferecido não cabia em sua criatividade e inteligência, em seu domínio de português e russo, em suas vastas ambições.

Foi dele a sacada, imediatamente aceita, de refazer o *Diário de um escritor* que Dostoiévski escrevera na década de 1870. O plano era atravessar a Rússia ocidental e diariamente enviar crônicas/ficções/ensaios que fizessem uma linha de passe com a literatura, a história, o ontem e o hoje, com pinceladas de futebol – pedi a ele que não tratasse muito do que haveria dentro de campo e que se apegasse a seu caminho muito original. Flávio Ricardo impôs a si mesmo um ritmo homérico. Um texto por dia, sagradamente, enviados de dez diferentes cidades russas, às vezes do interior de vagões de trens noturnos, entre um ponto e outro. E todas as noites, de 15 de junho a 15 de julho de 2018, piscava em meu *e-mail*, infalível, com o rigor de um comissário comunista, a mensagem de Flávio Ricardo com linhas extraordinárias, elegantes, um tanto líricas, sempre precisas, misto de reportagem e história, verdadeiras aulas. De *Diário de um escritor pela Rússia de Dostoiévski e Tolstói, Maiakóvski e Stálin, Gagárin e Putin*, o relato número 1, assinado de Moscou, a *Adeus às armas?*, o relato número 31, de São Petersburgo, o que os leitores do *site* de *Veja* puderam acessar, enquanto a seleção ia mal das pernas e Neymar cismava em rolar na relva, são pequenas obras-primas, agora reunidas em livro. É coisa de Pelé, Cruyff e Maradona – é a comprovação, tudo somado, de que não é só futebol. Prestemos atenção ao trabalho de Flávio Ricardo Vassoler.

Estátua equestre do general soviético Georgui Júkov (1896-1974), herói da resistência à invasão nazista, em frente ao Museu de História Russa, nas imediações da Praça Vermelha, em Moscou

MOSCOU – KM 0

Diário de um escritor pela Rússia de Dostoiévski e Tolstói, Maiakóvski e Stálin, Gagárin e Putin

Moscou, 15 de junho de 2018

Ao longo da década de 1870, o escritor russo Fiódor Dostoiévski compôs o *Diário de um escritor*, cujos textos de cunho literário e filosófico, histórico e político contribuíram sobremaneira para disseminar a obra do autor dos famosos cinco elefantes: *Crime e castigo*, *O idiota*, *Os demônios*, *O adolescente* e *Os irmãos Karamázov*.

Em homenagem ao escritor que eu venho estudando com afinco há mais de uma década e que me fez viver em ambas as fronteiras da Guerra Fria que hoje parece rediviva – vivi em Moscou durante o mestrado, entre os anos de 2008 e 2009, e fiz minha pesquisa de pós-doutorado em Chicago, em 2017 –, intitulo *Diário de um escritor na Rússia* o conjunto de textos que escrevi durante a Copa do Mundo de 2018, sobretudo para o *site* da revista *Veja*, e que me fez viajar, como um nômade, pelas seguintes cidades[1]:

- Moscou, capital da Rússia e cidade natal de Dostoiévski.

1. Este *Diário de um escritor na Rússia* também é composto por textos que publiquei no caderno literário "Aliás", do jornal *O Estado de S. Paulo*. Quando eu não fizer referências neste sentido, o leitor e a leitora podem pressupor que os textos foram publicados no *site* da revista *Veja*.

- Níjni Novgorod, cidade fechada (isto é, com severas restrições de acesso) à época da finada União Soviética (URSS), local do exílio imposto ao físico nuclear (e opositor do regime soviético) Andrei Sákharov.

- Kazan, histórico enclave tártaro-mongol conquistado pelo tsar Ivan, o Terrível, em meados do século XVI.

- Saransk, local de residência/exílio intermitente, entre as décadas de 1930 e 60, do crítico literário e filósofo da linguagem Mikhail Bakhtin e, desde fevereiro de 2013, do ator Gérard Depardieu, quando o francês decidiu abandonar seu país, por causa dos impostos (supostamente) escorchantes, para, segundo consta, abraçar a grande democracia russa sob Vladímir Putin[2].

- Samara, cidade que teria se transformado na capital soviética durante a Segunda Guerra Mundial, caso Moscou tivesse caído nas garras dos invasores nazistas.

- Volgogrado, antiga Stalingrado, cidade assim batizada em homenagem ao líder soviético Ióssif Stálin e local onde se travou, rua a rua, prédio a prédio, ruína a ruína, a batalha histórica entre os invasores nazistas e a resistência soviética – o desenlace a favor do Exército Vermelho sepultou a invencibilidade das tropas hitleristas e, hoje sabemos, acabou sendo o marco para a reversão do curso da Segunda Guerra.

---

2. "Rússia 'adota' ator francês Gérard Depardieu". Reportagem publicada no *site* da revista *Carta Capital* em 04/01/13: <*https://bit.ly/2DDVpPb*>.

- Rostov-sobre-o-Don, cidade que, durante a guerra civil que se seguiu à Revolução Russa de outubro de 1917, se viu tomada por conflitos encarniçados entre os russos brancos (partidários do tsar destronado e republicanos antibolcheviques) e os russos vermelhos, capitaneados por Liev Trótski, fundador e organizador do Exército Vermelho.

- Sotchi, tradicional balneário caucasiano à beira do Mar Negro, sede dos Jogos Olímpicos de Inverno em 2014 – a primeira vitrine político-esportiva de Vladímir Putin antes da Copa do Mundo.

- Kaliningrado, cidade assim batizada pelos soviéticos em 1946, em homenagem ao bolchevique Mikhail Kalinin, mas que, sob domínio prussiano e alemão, se chamava Königsberg, local de nascimento e morte do filósofo Immanuel Kant.

- São Petersburgo, capital literária da Rússia e do mundo, janela aberta para a Europa pelo tsar Pedro, o Grande, e, segundo o homem do subsolo, (anti-)herói dostoievskiano da obra *Memórias do subsolo*, a cidade mais abstrata [porque reflexiva] do mundo. Entre 08 de setembro de 1941 e 27 de janeiro de 1944, durante a Segunda Guerra Mundial, São Petersburgo – então batizada de Leningrado, em homenagem ao líder soviético Vladímir Lênin – enfrentou um terrível cerco imposto pelos invasores nazistas, sítio que vitimou de fome, frio e doenças algo em torno de 700 mil civis.

Na estação de metrô Parque da Vitória, em Moscou, há um longo corredor principal, em cujas extremidades descubro que a Rússia faz questão de se lembrar das barricadas de sua história com dois painéis emblemáticos. O painel à direita retrata o Príncipe e Marechal-de-campo Mikhail Ilariónovitch Goleníschev-Kutúzov secundado por seu Estado-Maior. A data do painel é inequívoca: 1812. Kutúzov e seu alto oficialato são os heróis da resistência à invasão pelas tropas francesas comandadas por ninguém mais que Napoleão Bonaparte.

O painel à esquerda leva a Praça Vermelha, o coração de Moscou, à estação Parque da Vitória. Soldados soviéticos são ovacionados, mulheres, crianças e idosos se abraçam em êxtase, flores e boinas vão ao ar, um jovem embasbacado ainda não acredita no que está acontecendo: o painel retrata o dia 09 de maio de 1945, dia em que o III *Reich* nazista deixou de existir, dia da vitória soviética na Grande Guerra Patriótica – eis o nome da Segunda Guerra para os russos.

Se a memória como cicatriz leva a Rússia a se ver como um país historicamente agredido e invadido pelas potências ocidentais, a Polônia, invadida pelos soviéticos em setembro de 1939, bem no início da Segunda Guerra, como parte do espólio retalhado nas antecâmaras da assinatura do Pacto Ribbentrop-Molotov, o acordo germano-soviético de não-agressão firmado entre Hitler e Stálin; a Hungria e a então Tchecoslováquia, invadidas pelos soviéticos, respectivamente, em 1956 e 1968, como forma de debelar rebeliões contra a dominação da URSS; e, mais recentemente, a Ucrânia, que assistiu, em 2014, à anexação da Crimeia pela Rússia de Vladímir Putin, após um referendo realizado ao arrepio da temporalidade determinada pelas leis internacionais – todos esses países bem podem asseverar que, além de vítima, a Rússia é uma nação deveras imperialista.

Pois é através desse país de cultura e história tão ricas quanto contraditórias que eu viajei para compor o *Diário de um escritor na Rússia* – a Rússia da grande literatura composta por Alexander

Púchkin e Nikolai Gógol, Fiódor Dostoiévski, Liev Tolstói e Anton Tchékhov; a Rússia da dinastia Románov e de Vladímir Lênin, Liev Trótski e Ióssif Stálin; a Rússia dos poetas Anna Akhmátova e Marina Tzvietaieva, Vladímir Maiakóvski e Óssip Mandelstam, cujas mortes trágicas apontam para os descaminhos da utopia revertida em distopia stalinista – consta que Mandelstam certa vez teria dito que a Rússia era o único país que levava a poesia realmente a sério, já que era bem possível morrer por causa dela[3]; a Rússia do cosmonauta soviético Iúri Gagárin, o primeiro homem a singrar o espaço sideral; a Rússia dos grandes literatos (e opositores do regime soviético) Boris Pasternak e Alexander Soljenítsin, autores que receberam o Prêmio Nobel de Literatura, respectivamente, em 1958 e 1970; a Rússia do reformista soviético Mikhail Gorbatchov, o líder que anunciou ao mundo o colapso da URSS; a Rússia, ao fim e ao cabo, do presidente Vladímir Putin, líder casado com o poder até que a morte os separe.

---

3. Deparei com a citação de Mandelstam no livro *Stálin: A corte do tsar vermelho*, de Simon Sebag Montefiore. Tradução de Pedro Maia Soares. São Paulo: Companhia das Letras, 2006, p. 126.

Stálin, leitor de Dostoiévski

Moscou, 16 de junho de 2018

Perto da estação Dostoevskaya, ao norte do anel central do ramificado metrô moscovita, fica a casa (hoje convertida em museu) onde Fiódor Dostoiévski morou durante a infância e a adolescência, ao fim da qual o escritor se mudou para São Petersburgo para, seguindo os desígnios do pai (e à revelia de sua vocação artística), estudar na Academia de Engenharia Militar.

Para os padrões da nobreza da época – a família Dostoiévski pertencia aos baixos estratos nobres –, a casa do escritor era bem modesta. Contígua a um hospital para tratamento de tuberculose, onde o pai médico do autor (Mikhail) trabalhava, a casa/museu nos apresenta, junto à entrada, um busto de Dostoiévski talhado em madeira. Com olhos de esfinge, o semblante entre taciturno e reflexivo e as mãos cruzadas à frente do corpo, o escritor de barba longa e desgrenhada mais parece uma sentinela a sentenciar para o visitante/leitor:

– Decifra-me ou devoro-te? Não. Decifra-me enquanto te devoro.

Na sala de estar, estão dispostos sobre um tapete puído três brinquedos do menino Dostoiévski – um cavalicoque e um possível ícone religioso, ambos de madeira, entremeados por um garboso oficial tsarista em seu uniforme militar ornado por botões, medalhas e dragonas dourados. Junto aos bonecos, espalham-se algumas gravuras que, em seu colorido vivaz, mais parecem saídas de uma fábula do dinamarquês Hans Christian Andersen. [Fico imaginando o menino Dostoiévski bastante impressionado pela atmosfera densa e febril de Andersen, cujas fábulas (supostamente) infantis bem prenunciavam o *pathos* agônico do autor de *Crime e castigo*.]

Vidrado pelo imaginário dos primeiros anos de Dostoiévski, eu não noto que tenho companhia. Súbito, uma mão pousa em meu ombro esquerdo e me diz:

– A julgar pela forma intensa com que observa os brinquedos de Dostoiévski, deduzo que você gosta muito do autor, não?

Quando dou por mim, uma senhora de cabelos brancos como algodão doce, bochechas flácidas transpassadas por pequenas veias azuladas e xale bem preto me olha como se me conhecesse há um bom tempo. Quando lhe digo que estudo a obra de Dostoiévski há muitos anos, a senhora – "Meu nome é Sofia Filíppovna, mas pode me chamar de Sônia" – pega a minha mão direita com decisão e sentencia: "Venha comigo!"

Não lhe ofereço resistência e, sem saber por quê, não pergunto à minha guia inusitada a razão pela qual acabamos saindo da casa de Dostoiévski e começamos a andar pelo jardim em frente ao museu, em cujo centro desponta uma estátua do escritor vestido com um longo sobretudo que mais parece uma batina. Dostoiévski novamente fita o leitor/visitante com olhos de esfinge, mas, agora, sua mão esquerda parece conter um punhado de sementes que a mão direita vai aspergindo, como se o escultor houvesse coagulado o gesto do autor de *Os irmãos Karamázov* no preciso momento em que Dostoiévski escolhe o seguinte versículo do *Evangelho segundo João* como epígrafe de seu último romance: "Se o grão de trigo que cai na terra não morrer, fica só; mas, se morrer, produz muito fruto"[1].

Sônia faz uma reverência à estátua e continua a me puxar pela mão direita. "Vamos, já estamos chegando". Quando suponho que, com esse xale preto a lhe cair dos ombros até a cintura, Sônia seja uma viúva, minha guia inusitada aponta o indicador direito algo curvado pelo reumatismo para um edifício amarelo bem alto, à frente do qual despontam colunas gregas vigorosas como sentinelas e repletas de nódoas marrons. O edifício irrompe ao fim do jardim, bem ao lado do terreno da casa/museu de Dostoiévski.

– Aqui está, meu jovem: este é o Teatro do Exército. A história deste edifício poderia ter sido narrada por Dostoiévski – e é precisamente isso que eu quero lhe contar, se você prometer que vai me deixar falar sem jamais me interromper.

Até então, eu não interrompera Sônia sequer uma vez, mas os olhos imperiosos da potencial viúva se impuseram. Consenti, então, com um meneio vertical da cabeça.

– Muito bem, meu jovem: quem tem ouvidos para ouvir, que ouça! Dizia eu que este belo edifício do Teatro do Exército tem uma história que bem poderia ter sido narrada por Dostoiévski. E por quê? Ora, julgue você mesmo, rapaz, veja só: após a covarde invasão que os nazistas impuseram ao nosso país, em meados de 1941, muitos de nós sucumbimos – milhões de irmãos e irmãs soviéticos, meu jovem, milhões! Ora, mas aqueles nazistas comedores de chucrute não perdiam por esperar – ou você acha que apenas nós fomos reduzidos a prisioneiros, hem? Ora, e o nosso Stálin lá permitiria isso, rapaz? Pense bem, veja lá! Não, nós bem que apanhamos uma porção deles – e aqueles tais de Fritz, Eugen e Joseph iam aprender uma lição, ah, se iam! A 171ª Divisão de

---

1. *Evangelho segundo João*, capítulo 12, versículo 24.

Infantaria do nosso heroico Exército Vermelho foi incumbida, no imediato pós-guerra, da reconstrução do edifício deste belíssimo teatro que ficou seriamente avariado pelos ataques aéreos daqueles piratas de Hitler. (Sônia dá uma cuspidela para o lado com a boca bem torta ao pronunciar o nome do *Führer.*) E aí, meu jovem, a lei de talião impera, como já sentenciava o Código de Hamurábi e como até mesmo os mandamentos de Moisés passaram a rezar: olho por olho, dente por dente. Se os alemães destruíram o nosso belo teatro, os alemães devem reerguê-lo. Vocês não gostam de trabalhar, seus chucrutes? Pois bem, trabalhem agora para aqueles que vocês ofenderam, trabalhem para Stálin, seus invasores covardes, trabalhem para nós! Com o chicote em riste, os oficiais da infantaria e os comissários do Partido supervisionaram o trabalho dos prisioneiros alemães – pedra sobre pedra, o Teatro do Exército foi ganhando alma novamente. E era curioso discernir uma sensação ambígua na cara dos chucrutes: Fritz, Eugen e Joseph trabalhavam com diligência – a gente tem que admitir que os alemães têm muita fibra –, eles estavam orgulhosos da construção mesmo trabalhando como prisioneiros, mesmo tendo sido reduzidos a escravos, só que os chucrutes como que começaram a se perguntar, e agora, o que vai ser, o que vai acontecer quando a gente terminar isso aqui? Quando um deles ousou esboçar uma pergunta para o supervisor do Exército Vermelho que fazia as vezes de capataz, o oficial surrou o chucrute com a coronha do fuzil e gritou: "Ora, e vocês lá deram chance para nossos irmãos soviéticos saberem que destino os esperava nos campos de concentração, seus vermes?!" Depois desse dia, os chucrutes pareciam resignados – vai lá saber o que acontece a um homem quando, de alguma forma, ele tem a intuição infalível de que já não é possível fazer mais nada, meu jovem, vai lá saber! O fato é que o Teatro do Exército ficou formidável, rapaz – e, para você ver que nosso Exército

Vermelho não era composto pura e simplesmente por justiceiros, mas por oficiais e soldados vitoriosos e dignos, os chucrutes foram convidados para assistir à primeira peça que seria encenada desde que a invasão da besta fascista ceifou a paz na União Soviética. Mas você precisava ver a surpresa na cara dos chucrutes – surpresa e agonia. Os chucrutes puderam ficar bem perto do palco, acorrentados nos bastidores, enquanto a cena do parricídio em *Os irmãos Karamázov* ia sendo realizada aos olhos de ninguém mais, ninguém menos que o Guia Genial dos Povos – Stálin em pessoa esteve aqui, meu jovem! Quando a peça terminou, os chucrutes foram levados ao palco – imagine as luzes da ribalta contra as caras atônitas daqueles nazistas, meu jovem, imagine só! E eis que o próprio Stálin ordenou que uma salva de palmas clamorosa ecoasse em homenagem aos prisioneiros alemães que, a despeito da invasão covarde, haviam contribuído para a retomada da glória do Teatro do Exército. Foi então que Fritz, Eugen e Joseph (e os demais chucrutes) riram com aquela carranca ambígua das antigas máscaras gregas. Era rir, literalmente, para não chorar. E aí, meu jovem, imagine o que aqueles chucrutes sentiram, rapaz, quando Stálin subiu ao palco para dar a mão aos prisioneiros acorrentados – nem se alguém os beliscasse, aqueles chucrutes acreditariam que ainda estavam vivos, nem assim! Pois Stálin subiu até o palco, cumprimentou, um a um, aquela cambada de chucrutes e fez um pronunciamento de que eu jamais pude me esquecer: "Quando a Segunda e a Terceira Frentes Bielorrussas do nosso Exército Vermelho irromperam no leste alemão, já a uma altura da Grande Guerra Patriótica em que nos aproximávamos do covil da besta fascista, uma orgia de vingança explodiu: há quem afirme que 2 milhões de mulheres alemãs teriam sido estupradas nos meses seguintes. Dizem, ademais, que os soldados soviéticos chegaram a violar mulheres russas recém-liberadas dos campos de concentração nazistas". Stálin então se volta para os chucrutes, aumenta o tom de sua voz – que, ao natural, era algo rouca e baixa – e aproveita a deixa do parricídio de *Os irmãos Karamázov* que acabara de ser encenado: "Vocês leram Dostoiévski, não é mesmo?" Sem saber o que fazer, os chucrutes acenam que sim com as correntes. "Pois então" – prossegue Stálin –, "vejam como a alma humana é complicada! Imaginem um homem que lutou de Stalingrado a Belgrado, por milhares de quilômetros de sua própria terra devastada, por cima dos cadáveres de seus camaradas e entes mais queridos. Como é que um homem assim poderia reagir com normalidade? E, bom, venhamos e convenhamos: o que há de tão medonho em se divertir com uma mulher depois de tais horrores?"[2] Quando os chucrutes fazem menção de esboçar risinhos cúmplices, Stálin se afasta dos prisioneiros, volta o semblante para a plateia e sentencia: "Quando a construção da formidável Catedral de São Basílio, no coração da nossa Praça Vermelha, foi concluída, Ivan, o Terrível, perfilou os arquitetos e construtores diante da igreja e, depois de lhes dar os parabéns com abraços enternecidos e efusivos, o tsar ordenou que seus algozes cortassem as mãos de todos aqueles que haviam participado da construção. Assim, a suma beleza da Catedral de São Basílio jamais poderia ser reproduzida alhures". Assim que Stálin terminou a frase, os prisioneiros alemães – e os supervisores soviéticos da reconstrução do Teatro do Exército – tiveram suas mãos decepadas.

---

2. A fala dostoievskiana de Stálin foi citada por Simon Sebag Montefiore, em seu livro *Stálin: A corte do tsar vermelho*. Tradução de Pedro Maia Soares. São Paulo: Companhia das Letras, 2006, p. 532.

A Terra é azul fosforescente: De Gagárin a Tchernóbil

Moscou, 17 de junho de 2018

Quem vai ao parque VDNKh, ao norte da capital russa, depara com uma réplica da espaçonave Vostok 1, a bordo da qual o cosmonauta soviético Iúri Gagárin orbitou ao redor da Terra durante 108 minutos, no dia 12 de abril de 1961.

A poucos metros do parque VDNKh, alcanço o Museu do Cosmonauta, em cuja entrada desponta uma enorme foto de Gagárin. O olhar ao longe do cosmonauta sumamente sorridente (e autoconfiante) parece acompanhar o radical esgarçamento de horizontes de sua revolução aeroespacial.

Sem conseguir deixar de fitar a foto, logo começo a imaginar as ruminações de Gagárin:

– Aquele dia estava estranhamente calmo. Céu azul sem nuvens. Eu estava rigorosamente no horário. Se eu estava nervoso? Não, estava bastante calmo. Eu havia estudado a rota com cuidado e precisão, nada podia dar errado. A central estava sempre em contato. Eu estava ciente sobre a responsabilidade que tinha em mãos, ah, se estava! Sim, senhor. Milhões de camaradas torciam pelo sucesso da minha missão. Milhões! Realizada a missão, uma guinada de 180° seria dada. Se eu tinha medo? Eu cumpria o meu dever. Um cosmonauta deve desbravar. Pronto, fui. (Testa empapada.) Eu tinha que rasgar o céu antes de atingir o espaço. *Mission accomplished.*

Consta que, ao atingir a altura máxima de 315 km, o primeiro homem a singrar o espaço sideral teria exclamado a seguinte frase tão singela quanto absoluta: "A Terra é azul!"

No dia 12 de abril de 1961, do cosmos negro através do qual o som não se propaga, Gagárin e a revolução aeroespacial reescrevem o *Gênesis*: "A terra era um vazio, sem nenhum ser vivente, e estava coberta por um mar profundo. A escuridão cobria o mar"[1].

Em dada ala do Museu do Cosmonauta, vejo alguns painéis da antiga União Soviética a alardear, com sumo entusiasmo (e propagandismo), a aliança (supostamente) inequívoca e inconsútil entre ciência e progresso.

Mal parece que os dias 06 de agosto de 1945 [16 anos, 3 meses e 25 dias antes de Gagárin (a.G.)] e 26 de abril de 1986 [25 anos e 14 dias depois de Gagárin (d.G.)] nos puderam mostrar que ciência e barbárie estampam o outro lado da moeda que chamamos de modernidade.

Eis o que nos diz o piloto norte-americano Paul Tibbets Jr., irmão gêmeo bivitelino e capitalista do cosmonauta soviético Iúri Gagárin:

– Aquele dia estava estranhamente calmo. Céu azul sem nuvens. Eu estava rigorosamente no horário. Se eu estava nervoso? Não, estava bastante calmo. Eu havia estudado a rota com cuidado e precisão, nada podia dar errado. A central estava sempre em contato. Eu estava ciente sobre a responsabilidade que tinha em mãos, ah, se estava! Sim, senhor. Milhões de vidas dependiam do sucesso da minha missão. Milhões! Realizada a missão, eu devia dar uma guinada de 180°. Se eu tinha medo? Eu cumpria

1. *Gênesis*, capítulo 1, versículo 2.

o meu dever. Um soldado deve lutar. Pronto, foi. (Testa empapada.) O *Little Boy* tinha que incinerar a terra antes de atingir o chão. *Mission accomplished.*

Assim falou Paul Warfield Tibbets Jr., comandante do *Enola Gay*, o bombardeiro quadrimotor B-29 que pulverizou Hiroshima com o *Little Boy*: a Terra é azul fosforescente!

No dia 06 de agosto de 1945, do céu atômico através do qual a temperatura se eleva a 5,5 milhões de graus centígrados, Paul Tibbets Jr. e a revolução atômica transformam o *Apocalipse* em um capítulo do *Gênesis*: "A terra era um vazio, sem nenhum ser vivente, e estava coberta por um mar profundo. A escuridão cobria o mar"[2].

Consta que Paul Tibbets Jr. teria batizado o bombardeiro B-29 com o nome de *Enola Gay* em homenagem à sua mãe, Enola Gay Tibbets.

Genealogia de Jesus Cristo, filho de Davi, filho de Abraão. Abraão gerou Isaac. Isaac gerou Jacó. Jacó gerou Judá e seus irmãos. Judá gerou, de Tamar, Farés e Zara. Farés gerou Esron. Esron gerou Arão. Arão gerou Aminadab. Aminadab gerou Naasson. Naasson gerou Salmon. Salmon gerou Booz, de Raab. Booz gerou Obed, de Rute. Obed gerou Jessé. Jessé gerou o rei Davi.

O rei Davi gerou Salomão, daquela que fora mulher de Urias. Salomão gerou Roboão. Roboão gerou Abias. Abias gerou Asa. Asa gerou Josafá. Josafá gerou Jorão. Jorão gerou Ozias. Ozias gerou Joatão. Joatão gerou Acaz. Acaz gerou Ezequias. Ezequias gerou Manassés. Manassés gerou Amon. Amon gerou Josias. Josias gerou Jeconias e seus irmãos, no cativeiro da Babilônia.

---

2. Ibidem.

E, depois do cativeiro da Babilônia, Jeconias gerou Salatiel. Salatiel gerou Zorobabel. Zorobabel gerou Abiud. Abiud gerou Eliacim. Eliacim gerou Azor. Azor gerou Sadoc. Sadoc gerou Aquim. Aquim gerou Eliud. Eliud gerou Eleazar. Eleazar gerou Matã. Matã gerou Jacó. Jacó gerou José, esposo de Maria, da qual nasceu Jesus, que é chamado Cristo[3].

Enola Gay Tibbets gerou Paul Tibbets Jr.. Paul Tibbets Jr., de Enola Gay, gerou o *Little Boy.*

No livro *Vozes de Tchernóbil*, a escritora bielorrussa (de origem ucraniana) Svetlana Aleksiévitch me leva a dois fragmentos de sobreviventes do acidente catastrófico que, em meados de 1986, se alastrou como uma metástase a partir da Usina Nuclear de Tchernóbil, então sob a guarida da finada União das Repúblicas Socialistas Soviéticas.

Eis o desespero de duas vozes de Tchernóbil:

(I) Relato de uma mãe que deu à luz uma filha de Tchernóbil:

Os médicos/cientistas mostraram o bebê para mim. "Natachenka" – foi assim que a chamei. Seu pai queria que você se chamasse Natachenka. Ela parecia saudável. Braços, pernas. Mas ela nasceu com cirrose no fígado. O fígado dela tinha 28 röntgen [unidade com que se mede a radiação]. Ela tinha doença cardíaca congênita. Durante horas, os cientistas/médicos me disseram que ela estava morta. E, então, eles repetiram: nós não vamos devolvê-la para você. Mas, ora, como assim? O que significa isso? O que vocês querem dizer com "nós não vamos devolvê-la para você"? Sou eu quem não vou dá-la para vocês! Vocês querem utilizá-la como cobaia para a ciência. Eu odeio a sua ciência! Eu a odeio com todas as minhas forças!

(II) Relato de Marat Kokhanov, ex-engenheiro-chefe do Instituto de Energia Nuclear da Academia Bielorrussa de Ciências:

---

3. *Evangelho segundo Mateus*, capítulo 1, versículos 1 a 16.

Por que nós ficamos em silêncio sabendo tudo o que sabíamos? Por que nós não saímos às ruas e gritamos a verdade a plenos pulmões? Nós compilávamos nossos relatórios e desenvolvíamos notas explanatórias. Mas nós ficamos em silêncio e executamos ordens sem pestanejar por causa da disciplina imposta pelo Partido. Eu era um comunista. Eu não me lembro de algum dos nossos colegas ter se recusado a trabalhar na zona do acidente nuclear. E não por eles terem medo de serem expulsos do Partido, mas porque eles tinham fé. Eles acreditavam com fervor que nós vivíamos com dignidade, eles acreditavam que, para nós, o homem era o mais alto ideal, a medida de todas as coisas. O colapso dessa fé em muitas pessoas posteriormente levou a ataques cardíacos e suicídios – a uma bala contra o coração, como ocorreu com o professor Valeri Legassov [chefe da comissão de investigação sobre Tchernóbil, que, na verdade, se enforcou em 1988, no dia do aniversário de dois anos da explosão]. Tudo isso ocorreu porque, quando você perde a fé, você já não é um participante, você se torna uma carta fora do baralho, um azarão, você já não tem razão para viver. Foi assim que eu entendi o suicídio dele, como um tipo de sinal[4].

---

4. Svetlana Aleksiévitch, *Voices from Chernobyl* (*Vozes de Tchernóbil*). Tradução de Keith Gessen. New York: Picador, 2006, p. 21; p. 163. Fiz traduções livres dos fragmentos para o português.

Saturno devorando a um de seus filhos?

Moscou, 18 de junho de 2018

Nas cercanias da Lubianka, praça onde fica o prédio que já abrigou o temível KGB (Comitê de Segurança do Estado), encontro uma taverna que mais parece um *bunker*: 13 degraus abaixo do nível da calçada, a porta de entrada, espessa e enferrujada, desvela um ambiente esfumaçado e de teto baixo. A névoa dos cigarros e charutos fica dando volteios letárgicos, como se, por aqui, o tempo tivesse sido coagulado. A iluminação algo trôpega só se projeta de fato sobre as mesas de bilhar – o choque das bolas só não é mais recorrente do que os tragos cabisbaixos e melancólicos dos bêbados que parecem ter saído de uma tela notívaga de Van Gogh.

Em um canto da taverna, entreouço dois velhos (ambos com a voz rouca, porém enérgica) em uma discussão acalorada. Estreito os olhos para conseguir discerni-los, mas a penumbra só me deixa entrever a barba longa e desgrenhada de um e parte da careca que o outro tenta escamotear com aquilo que parece ser (talvez um dia até tenha sido) uma boina. Só chega até mim, com mais vivacidade, o brilho da borda dos muitos copos (uísque ou conhaque?) e copinhos (vodca, certamente) que se acumulam sobre a mesa.

Quando aprumo os ouvidos, no entanto, consigo escutá-los bem. Pego o bonde andando, mas, ainda assim, tento capturar a discussão, como se eu mesmo dela estivesse participando; como se, a bem dizer, eu mesmo estivesse me engalfinhando com Vladímir (o barbudo) e Estragon (o careca) – à falta dos nomes reais que eu jamais vou descobrir, chamemo-los assim.

Os fragmentos que você lerá a seguir procuram dar algum tipo de ordem (e, quiçá, sentido) ao caos de colocações/acusações, réplicas e tréplicas que Vladímir e Estragon arremessam e empilham como os escombros de uma época a que eles, sem saber como, acabaram sobrevivendo.

VLADÍMIR: Me responda, camarada, vamos: Lênin e Stálin foram políticos ou cientistas?

ESTRAGON: Revolucionários, Vladímir Vladímirovitch: eis o que eles de fato foram.

VLADÍMIR: Ora, Estragon, deixe lá de nostalgia depois de tanta birita – e pare de coçar esse cocuruto, isso me dá aflição! Agora ouça: quem afirma que Lênin e Stálin foram políticos se lembra da virtude que a dupla dinâmica demonstrou para se aproveitar da Fortuna e levar a cabo a Revolução. Quem afirma que ambos foram cientistas pensa sobre a Nova Política Econômica, de Lênin, e sobre os planos quinquenais, de Stálin, como a base para a modernização da Rússia.

ESTRAGON: Não à toa Stálin bem pôde dizer: "Da Revolução até o meu reinado, a Rússia passou do arado de ferro à bomba atômica".

VLADÍMIR: Quanto a isso, Estragon, nós concordamos inteiramente – muito embora Stálin, com ainda mais autoridade nesse quesito, também sentenciasse: "O único local de plena concórdia é o cemitério".

ESTRAGON: Por falar no defunto, Vladímir Vladímirovitch, você ainda não o enterrou: afinal, Lênin e Stálin foram políticos ou cientistas?

VLADÍMIR: Políticos, camarada, sem dúvida. Se Lênin e Stálin tivessem sido cientistas, meu caro, eles teriam feito seus experimentos, primeiramente, com ratinhos de laboratório.

ESTRAGON: Foi tudo tão trágico assim?

VLADÍMIR: Há quem diga que poderia ter sido ainda pior.

ESTRAGON: Devem ser os mesmos que sabem que o fundo do poço é o refúgio dos otimistas.

VLADÍMIR: É por isso que eu digo que Tchékhov sabia das coisas – o ceticismo de Anton Tchékhov é cirúrgico: "As massas sempre tendem ao antropomorfismo na religião e na moral e gostam mais do que tudo daqueles ídolos que têm as mesmas fraquezas que elas".

ESTRAGON: Quanta resignação, hem?

VLADÍMIR: Não, não, camarada: quanta lucidez!

ESTRAGON: E quanto a Khruschov?

VLADÍMIR: O que é que tem o velho Nikita beberrão e bom de briga?

ESTRAGON: Naquele famigerado 20º Congresso do Partido, em 56, ele botou as asinhas de fora e ousou dizer, com a exasperação que lhe era peculiar, que Stálin tinha sido responsável pela perseguição, aprisionamento e morte de milhões de russos.

VLADÍMIR: Imagine o silêncio no Soviete Supremo, camarada, enquanto Khruschov inventava a roda para todos aqueles cúmplices.

ESTRAGON: Silêncio? Coisa nenhuma, Vladímir Vladímirovitch! Súbito, algum lunático anônimo pega carona na coragem do velho Nikita e o interpela com o dedo em riste: "Ora, camarada Khruschov, só agora essa revelação vem à tona? O camarada não sabia disso antes? Por que esperar pela morte de Stálin para exumar os cadáveres?"

VLADÍMIR: Eita! E o que foi que Khruschov fez?

ESTRAGON: Com a mesma exasperação ferina de seu padrinho político – ninguém mais, ninguém menos que o bigodudo Ióssif Stálin –, Khruschov começa a vociferar: "Mas quem foi que disse isso? Apareça, vamos! Quem foi que disse isso? Quem foi?!"

VLADÍMIR: Mas, camarada, vamos lá: você acha mesmo que é possível fazer uma omelete sem quebrar ovos?

ESTRAGON: Só consigo te responder como Tolstói, certa vez, respondeu para Górki.

VLADÍMIR: E o que foi que ele disse?

ESTRAGON: O revolucionário Górki, com o *pathos* que lhe era próprio, só fazia argumentar e gesticular a favor da queima da plantação (a terra arrasada) para que, sobre as cinzas e os escombros do passado arcaico, os novos frutos despontassem sem peias ou amarras. Górki reverberava o Bazárov de Turguêniev, para quem apenas a negação mais contumaz de toda e qualquer tradição alçaria a Utopia para além da inexistência do Éden. Para Górki, a imagem da sociedade igualitária e emancipada coincidia com a liberdade irrestrita da águia – o voo nômade do predador que não tem raízes (e que, por sua vez, também não tem quaisquer predadores).

VLADÍMIR: E o que foi que Tolstói redarguiu?

ESTRAGON: Enquanto Górki argumentava e gesticulava com requintes de paixão intensificados por seu período na Itália, Tolstói só fazia cofiar a barbona branca ainda mais desgrenhada do que a sua, Vladímir Vladímirovitch. Súbito, ele estanca a mão direita, à altura do queixo, e pergunta para Górki: "Quer dizer que a liberdade se assemelha ao voo indômito e sem raízes da águia?" Assim que Górki exclama seu "Sim!" supostamente triunfal, o semblante de Tolstói se transfigura com a sabedoria do oráculo para redarguir: "Só não se esqueça, meu caro, de que até mesmo os pássaros fazem ninhos".

VLADÍMIR: Ai, essa foi bonita – e doeu: mas que chicotada!

ESTRAGON: Não foi?

VLADÍMIR: Mas, na verdade, camarada, você e Tolstói estão parecendo aquela "bela alma" de que Hegel falou certa vez – aquela alma pura que, para permanecer bela, procura manter a devida distância do charco da vida real. Ora, é claro que, assim como o aristocrata Tolstói, essa alma pura e bela tem o privilégio de não precisar sujar as mãos e os pés com o chão sofrido da vida. Quando a história é analisada a partir da estufa do escritor/pensador – para sermos mais precisos, quando a história é vislumbrada a partir do cume longínquo sobre o qual Jesus Cristo proferiu o Sermão da Montanha –, o mundo parece despontar ora como o reino da concórdia, ora como a outra face que se oferece ao inimigo a quem devemos perdoar. Mas, camarada, nós não devemos esquecer a máxima do revolucionário Saint-Just, para quem "ninguém governa sem culpa". Lembre-se, meu caro, de que Saint-Just forjou essa máxima ao lado da verdadeira parteira da Declaração dos Direitos do Homem e do Cidadão: a guilhotina.

ESTRAGON: Ora, Vladímir Vladímirovitch, se bem me lembro, Saint-Just não acabou sendo abortado pelo mesmo útero que o pariu? Afinal, se ninguém governa sem culpa, a culpa também pode decapitar aqueles que com ela governam. Por sinal – e em tempo: todo esse papo sobre incesto/canibalismo político e histórico me levou ao meu quadro favorito: *Saturno devorando a um de seus filhos.*

VLADÍMIR: Ora, camarada, quer dizer então que você corrobora a denúncia de Francisco Goya contra os fuzilamentos supostamente antimonarquistas, mas, na verdade, sumários, vingativos e reacionários que foram levados a cabo pelas tropas republicanas e libertárias de Napoleão, quando o espanhol pintou o *Três de Maio de 1808 em Madri*?

ESTRAGON: Vladímir Vladímirovitch, me responda: se você soubesse que a Revolução Francesa culminaria no Terror e no imperialismo napoleônico; que a Revolução Russa culminaria no totalitarismo stalinista e na escravidão do Gulag; e que o ímpeto democrático após o colapso da nossa União Soviética culminaria no neotsarismo de Vladímir Putin, você não diria que o *Três de Maio de 1808 em Madri*, ao fim e ao cabo, sempre culmina em *Saturno devorando a um de seus filhos*?

Se queres paz, prepara-te para a guerra?

Moscou, 19 de junho de 2018

Antes de me dirigir ao Museu da Guerra Fria (também conhecido como Bunker 42), que fica perto da estação Taganskaya do metrô, tento escolher, a esmo, um restaurante para almoçar. Serve este aqui mesmo, estilo *fast food*, com batatas recheadas: *Krochka Kartochka*.

Simpática, a atendente sorri com bonomia ao lidar com o meu russo macarrônico e vai me ajudando a decifrar os 1001 tipos de batatas disponíveis. É a deixa para que, de uma mesa próxima ao caixa, um senhor atarracado e aparentemente boa praça pergunte de onde eu venho – a resposta faz com que o moscovita Valeri Viatcheslavovitch Motchalovski discorra brevemente sobre Pelé, Garrincha e a decepção que sentiu quando o Brasil não levou a Copa de 82 (ele se lembra bem do golaço de Sócrates contra a União Soviética, na estreia do torneio).

Tudo parecia se encaminhar para uma conversa futebolística, quando decidi perguntar sobre a profissão do sr. Motchalovski.

– Sou capitão reformado do Exército Vermelho.

Quando ele me diz que esteve na Guerra do Afeganistão, último vespeiro em que, ao longo da década de 80, os soviéticos se meteram, começo a disparar perguntas. Com a fleuma necessária de um estrategista militar a estudar a topografia irrequieta e de sobrancelhas arqueadas da minha curiosidade, Motchalovski logo decifra minha pulsão narrativa.

– Calma, nós vamos chegar lá. Mas, antes de mais nada, eu quero que você entenda que, para a nossa sociedade, as memórias de guerra não trazem apenas as cicatrizes da mutilação e do trauma. Amizades indestrutíveis como o aço foram forjadas com a solidariedade das trincheiras, e, se quiser discernir acordes profundos da alma russa, você precisará entender a aura (eu diria até – "a mística") do martírio de guerra. Você já ouviu falar do soldado de infantaria Alexander Matveievitch Matrosov?

Minha negação faz o outrora oficial do Exército Vermelho aprumar o ímpeto narrativo passando a mão reiteradamente pelo cocuruto, como se Motchalovski estivesse acendendo o pavio da memória.

– Bom, eu não sei quando a humanidade começou a elevar seus mártires à condição de heróis – e é duríssimo pensar que o preço da suma bondade e da abnegação seja o cadafalso. Mas o fato é que, sem Matrosov – e para muito além da propaganda soviética –, nós não teríamos conseguido retomar o vilarejo de Tchernuchki, que fica em Pskov, cidade 70 quilômetros a leste da fronteira com a Estônia. Vidas preciosas teriam sido abatidas como moscas se atos como o de Matrosov não revelassem por que chamamos a Segunda Guerra Mundial de Grande Guerra Patriótica. E o que fez Matrosov? Veja só: os alemães, é preciso admitir, lutavam de forma encarniçada. Uma posição guarnecida por metralhadora impedia o avanço dos nossos homens – enquanto isso, o vilarejo ia ardendo em chamas. Então, diante do coágulo que implicaria o extermínio dos habitantes, o jovem Matrosov, de 19 anos, decidiu correr em direção à metralhadora, já sem munição, para atrair os disparos contra o próprio peito – a carcaça de Matrosov permitiu que os soldados se ramificassem e conseguissem contornar a posição guarnecida, de modo a render o artilheiro alemão. Matrosov havia crescido em orfanatos – mas, ainda assim, ele pôde sentir a dor e o desespero das mães de Tchernuchki. E mais uma vez eu digo: eu não sei quando a humanidade começou a elevar seus mártires à condição de heróis – e é duríssimo pensar que o preço da suma bondade e da abnegação seja o cadafalso. Então, o que há na guerra que faz com que esse egoísmo tacanho do cotidiano – esse senso de que o *meu* deve ser arrancado, justamente, contra o que é *seu* – seja superado pela solidariedade de quem, a qualquer momento, pode ser abatido? O que há na guerra que faz com que a minha vida – que, ali, é tão frágil quanto uma brisa ou uma folha de outono – se conecte, umbilicalmente, à sobrevida dos demais? Isso que chamamos de fraternidade, meu caro, eu só conheci na guerra. Isso que chamamos de altruísmo, meu caro, eu só conheci na guerra. Na paz, você simplesmente toma o pão para si – os demais que se arranjem com a fartura que ninguém quer dividir. Na escassez da guerra, você reparte o pão antes mesmo de oferecê-lo. E, ao dizer isso, eu não quero fazer uma ode à guerra – quem poderia se esquecer dos assassinatos e das pilhagens, dos estupros e dos escombros? Eu só quero que você entenda que, a bem dizer, isso que chamamos de nobreza profunda, meu caro, eu só conheci na guerra.

Motchalovski faz uma pausa. Seus olhos bem azuis e estreitos, supostamente voltados para mim, na verdade miram um velho adágio:

– "Se queres paz, prepara-te para a guerra" – assim diziam os romanos, uma das civilizações mais belicosas de que temos notícias. E, diante dessa máxima, nós só conseguimos pensar na dificuldade dos homens para a manutenção da paz. Só que eu estou sugerindo, meu caro, que há um tipo de paz, em meio à guerra, que o cotidiano jamais nos revela. É a paz do eu que, num batalhão, sente que todas e cada uma de suas ações estão radicalmente irmanadas a todas e cada uma das ações dos demais. Se queres guerra, volta-te para o egoísmo da paz cotidiana, mas, se queres paz – a paz como a mão estendida para o derradeiro trago de água do cantil (ele vai morrer, e você, o sobrevivente, é quem precisa de água, mas você, ainda assim, estende o cantil para o moribundo); a paz como a mão que, em vão, tenta estancar a hemorragia (ele vai morrer, e você, o sobrevivente, supostamente perde tempo em velar o moribundo, mas, ainda assim, a cercania da morte intensifica o respeito pela vida); se queres paz, então, prepara-te para a guerra.

Motchalovski faz uma nova pausa – agora ele escreve, em cirílico, o nome do Major Andrei Maiorov em meu caderno de anotações. É hora de aterrissarmos no Afeganistão.

– O Major Maiorov esteve comigo na fronteira soviética com o Afeganistão. Nossa amizade de mais de 30 anos começou por lá. Foi Maiorov quem me disse – como que a me preparar para um rito de iniciação – que, na guerra, a morte se confunde com o cansaço (alguém simplesmente tomba do seu lado, como se tivesse pegado no sono); na guerra, a morte redime (tente imaginar a dor de uma amputação, meu caro, e você sentirá, contra cada fímbria do corpo, a tangibilidade da expressão que clama "pelo amor de Deus, Pai, me leva daqui!"). Na Guerra do Afeganistão, nós conhecemos a suma valentia do *mujahidin*, o soldado para quem a causa sagrada da *jihad* é o próprio sentido da vida como um corpo que pode (e deve!) perecer. E o arquétipo do destemor *mujahidin* era encarnado pelo comandante afegão Ahmed Chah Massud, um homem que, em seus soldados (ou, melhor, em seus seguidores), só fazia provocar devoção. Pois bem: era muito comum que, nas regiões de fronteira, soldados afegãos e soviéticos fossem sequestrados como forma de estabelecer moedas de troca para o resgate de reféns. Nós chegávamos a ceder até 50 prisioneiros afegãos por um único oficial soviético, e chegou o momento em que Maiorov teve que negociar o resgate de um capitão do nosso exército diretamente com Massud. O líder afegão se sentia ultrajado pelo fato de que dezenas de vidas de seus irmãos de *jihad* fossem equiparadas a um único uniforme soviético. Então, para negociar os termos daquela troca de prisioneiros, Massud impôs uma condição radicalmente temerária: o Major Maiorov teria que ir sozinho e desarmado ao encontro de Massud e seus homens, cuja brutalidade era conhecida de quem quer que tivesse pisado naquele deserto de areia, cavernas e montanhas que é o Afeganistão. Qualquer um teria refugado; qualquer um, independentemente da patente e da desonra, teria apelado ao sentimento de compaixão da tropa. Mas meu velho amigo Maiorov sentiu que, a despeito do medo, era preciso ser solidário com o oficial soviético cuja decapitação era iminente – o exemplo, para um batalhão, é tudo, absolutamente tudo, sobretudo quando vem de cima, isto é, sobretudo quando vem de alguém que tem muito mais (na verdade, tudo) a perder. Maiorov não quis sequer seguir o conselho de encontrar Massud com uma granada no bolso – honrado como ele só, Maiorov pressentiu que o líder afegão só o respeitaria (e o pouparia) se ele se mostrasse à altura da emboscada. E imagine o espanto dos soldados de Massud, meu caro, quando Maiorov surgiu sozinho naquele descampado – o líder afegão e os seus fiéis viram, desde o primeiro momento, que estavam diante de um igual em termos de honra e fervor. Pois você quer saber, então, o que aconteceu? Não só Maiorov resgatou o nosso capitão da decapitação, meu caro, como Massud o cumprimentou com franqueza e simpatia e lhe entregou um dos punhais mais antigos de seu clã. "Quando eu tiver que tombar no campo de batalha, Major Maiorov, permita Alá que o senhor, homem de palavra e bravura, me transpasse com o punhal de meus longínquos ancestrais. Assim eu voltarei para o local de onde eu vim. Insha'Allah!"

A BORDO DO TREM QUE VAI DE MOSCOU A NÍJNI NOVGOROD

Recordações do bunker dos mortos

Entre Moscou e Níjni Novgorod, 20 de junho de 2018

Moscou, Museu da Guerra Fria, também conhecido como Bunker 42, nas imediações da estação Taganskaya do metrô (região central).

Para se chegar ao bunker propriamente dito, cuja construção se estendeu por 6 anos (1950-56), é preciso descer 16 andares (65 metros). Como, em São Paulo, eu moro, precisamente, no 16º andar, imagino o King Kong arrancando meu prédio do solo pela raiz e o enterrando, em pé e de ponta-cabeça, até que eu abrisse a porta do meu apartamento e deparasse com o lúgubre corredor de acesso ao *bunker*, junto a cuja entrada postava-se um oficial do KGB para verificar, minuciosa e temerariamente, a procedência de todos e cada um dos funcionários ultrassecretos. [Caso recaísse alguma suspeita sobre determinado funcionário, o potencial espião era conduzido a uma sala ainda mais secreta (o *bunker* dentro do *bunker*, também conhecido como cemitério dos vivos) para a *extração* das devidas autoconfissões.]

O Bunker 42 fica sob a linha roxa e sobre a linha amarela do metrô, tendo como vizinha de profundidade a linha verde. Tal fato nos dá a dimensão de que, desde o início de sua construção, que data de 1935, os bolcheviques sob o comando de Stálin idealizaram as estações do metrô moscovita como *bunkeres* contra potenciais ataques aéreos dos inimigos capitalistas do Ocidente. (Quem caminha pelas veredas do *bunker* se vê subitamente acossado pelo barulho oceânico do metrô, como se o alarme de ataques aéreos estivesse sempre à iminência de ser disparado.)

Vale frisar que a numeração 42 refere-se a dois parâmetros: a casa da dezena diz respeito a uma escala de profundidade e blindagem que tem o seu fator máximo no número 1; a casa da unidade aponta para o número da construção do *bunker* na sequência das várias construções de abrigos militares em Moscou. Assim, o Bunker 42, segundo de sua espécie, está longe de ser o abrigo estratégico mais blindado, ainda que suas paredes sumamente espessas tenham sido construídas com uma sequência de 1 m de aço, 1,5 m de concreto e múltiplas camadas de rochas maciças.

Vale frisar, ademais, que os trabalhadores que erigiram o Bunker 42 [homens que não eram escravos enviados a partir dos múltiplos campos de trabalhos forçados (os Gulags) espraiados pela União Soviética, mas operários assalariados] não tinham ideia do que estavam construindo. Eles se revezavam em turnos que iam de 2 a 3 meses; sendo assim, ninguém pôde acompanhar a construção faraônica do *bunker* como um todo.

Para não levantar suspeitas, os 600 funcionários que trabalhavam no *bunker* chegavam em trajes civis e em turnos separados. Só depois de atravessado o corredor polonês do KGB é que se podia vestir o uniforme militar. Diante do cerco e da sabotagem que as potências ocidentais impunham à URSS, a suma preocupação de Stálin em relação à espionagem contrarrevolucionária e estrangeira de modo algum pode ser tida como inteiramente paranoica. [É conhecida (e lamentável) a colocação do primeiro-ministro francês Georges Clemenceau, à época da guerra civil russa que eclodiu após a Revolução de 1917, de que era preciso estabelecer um "cordão sanitário" para isolar o bacilo ateu e comunista da civilização cristã e capitalista, colocação que os nazistas capitaneados pelo pirata Adolf Hitler e os Estados Unidos levariam às últimas consequências durante a Segunda Guerra Mundial e a Guerra Fria.]

Em 1949, um ano antes do início da construção do Bunker 42, os soviéticos desenvolveram sua primeira bomba atômica, a RDS-1 (sigla russa para *Reaktivnyi Dvigatel' Special'nyi*, Motor a Jato Especial), cuja réplica cinza e bojuda – um verdadeiro baiacu radioativo – está exposta em uma das galerias do *bunker.* [Os EUA apelidaram a RDS-1, afetuosamente, de *Joe-1*, em homenagem aIóssif (Joseph) Stálin. Na esteira da grande literatura russa, os soviéticos batizaram a RDS-1 com o nome apocalíptico de Primeiro Relâmpago.]

A RDS-1 foi desenvolvida na cidade (hermeticamente) fechada de Arzamas-16, situada 450 km a leste de Moscou, na região/província (*oblast*) de Níjni Novgorod. Desde 1995, a Arzamas-16, equivalente soviético para a cidade estadunidense de Los Alamos, no Novo México (base para o Projeto Manhattan), é conhecida como Sarov.

O teste do baiacu radioativo foi realizado na cidade de Semei (antiga Semipalatinsk), na então República Soviética do Cazaquistão, no dia 29 de agosto de 1949 – 4 anos e 23 dias depois de Hiroshima, 4 anos e 20 dias depois de Nagasaki.

O Primeiro Relâmpago tinha um potencial explosivo de 22 megatons de TNT. 1 megaton varreria Washington do mapa terrestre. 10 megatons destruiriam um país pequeno, como Cuba. Assim, o que 22 megatons fariam com um gigante continental como os Estados Unidos? Eis a pergunta que a propaganda da Guerra Fria transformou em abdução para os milhões de ouvintes de rádio/telespectadores/contribuintes estadunidenses aterrorizados, cujos impostos eram sequestrados aos borbotões para o acirramento da corrida armamentista.

No dia 30 de outubro de 1961, os soviéticos, dessa vez a mando de Nikita Khruschov, testaram, em uma ilha do oceano Ártico chamada sintomaticamente de Novaya Zemlya (Nova Terra), a RDS-220, mais conhecida como Tsar Bomba, a imperatriz de todas as bombas, com uma capacidade explosiva de 58 megatons de TNT distribuídos calma e silenciosamente ao longo das 27 toneladas do artefato nuclear. A missão de lançamento da bomba era tão perigosa, mas tão perigosa, que o piloto do bombardeiro TU-95, o Major Andrei Durnovtsev, foi imediatamente promovido à patente de tenente-coronel do Exército Vermelho e recebeu a medalha de Herói da União Soviética por ter concordado em executar a tarefa.

O TU-95 lançou a bomba de uma altura de, aproximadamente, 10,5 km. Quando da explosão – às 11h32, horário de Moscou, e a uma altura de quase 4 km –, a bola de fogo de 8 km de diâmetro se expandiu para todos os lados com a voracidade do caos, logo lambendo o chão e alcançando a altura de voo do bombardeiro. Mesmo a uma distância de 885 km da explosão, todas as janelas do TU-95 se partiram. Tudo o que havia num raio de 100 km da explosão foi imediatamente pulverizado, como se nunca houvesse existido. Quando atingiu a altura máxima de 64 km, o cogumelo atômico ejaculado pela Tsar Bomba transformou o Monte Everest em um anão sete vezes menor. Cientistas dos EUA teriam registrado um abalo sísmico oriundo da explosão equivalente a um terremoto de magnitude 5 na escala Richter.

Vale frisar que a Tsar Bomba foi desenvolvida com metade da capacidade nuclear inicialmente requerida por Nikita Khruschov. Se tivesse alcançado os 100 megatons originais, a amazona soviética do apocalipse teria incinerado, a partir do oceano Ártico, todos os cidadãos da então Alemanha Ocidental.

Da RDS-1 à RDS-220, do Primeiro ao Último Relâmpago, os soviéticos reescreveram o *Gênesis* e proscreveram o *Apocalipse* como um livro de anedotas – em face das sombras fosforescentes e vivazes que atestam que, algum dia, houve traços de vida para os seres que a Tsar Bomba aniquilou instantaneamente, o inofensivo *Apocalipse* passou a ser utilizado como livro de colorir. [Consta que os coroinhas da Igreja soviética entoavam versículos do *Apocalipse* como o cântico dos cânticos em catedrais com paredes e pilastras amorfas e líquidas – eis a versão verde fosforescente (ou seria azul-turquesa?) da Igreja da Sagrada Família.]

Se pudesse falar, a Tsar Bomba proscreveria Mefistófeles como um mal menor e sentenciaria:

– Eu sou aquela que tudo nega!

Quando pensamos que, do Bunker 42, oficiais soviéticos especularam sobre possíveis ataques e/ou retaliações nucleares aos EUA durante a crise dos mísseis, ocorrida em Cuba em outubro de 1962, vemos quão perto a humanidade chegou de, num passe de mágica, transformar em história (e imediata extinção) o versículo 2 do primeiro capítulo do mito de *Gênesis*: "A terra era um vazio, sem nenhum ser vivente, e estava coberta por um mar profundo. A escuridão cobria o mar".

Ao lado da galeria em que o Primeiro Relâmpago está exposto, os arquitetos posicionaram a sala de trabalho de ninguém mais, ninguém menos que Ióssif Stálin. Falecido em 1953, Stálin nunca chegou a reinar a partir do Bunker 42, que só se tornou operacional em 1956. Ainda assim, o simulacro de sala do tsar vermelho de cabelos bem escovados, bigode hirsuto e pele salpicada de buracos de varíola (cicatrizes que a eugenia da propaganda soviética fazia questão de eliminar a partir da hagiografia de seus múltiplos pôsteres e fotografias) se encontra devidamente equipado com uma boa biblioteca (Stálin era um leitor contumaz) e um sofá confortável para que ele pudesse tirar seu cochilo diário (de 4 a 5 horas), em meio à pesada rotina de trabalho que, ao longo das quase três décadas no poder (1927-53), incluía o "Cumpra-se" para execuções, expurgos, trabalhos forçados – e testes nucleares.

É amplamente conhecido o fato de que Stálin chegou a ser um seminarista em sua Geórgia natal. São bem menos conhecidos, no entanto, o pendor estético e o altruísmo do ditador que ceifou milhões de vidas inocentes durante seu reinado.

Consta que todas e cada uma das macieiras dos jardins do Kremlin foram plantadas sob ordem de Stálin, que gostava de caminhar ao crepúsculo por entre as árvores frondosas e aromáticas.

Consta, ademais, que todos e cada um dos salários recebidos por Stálin ao longo de seu reinado eram guardados em um cofre do Kremlin. Como o líder bolchevique não precisava de dinheiro para nada, Stálin, certa vez, se lembrou de um amigo de infância, cujas agruras financeiras acabaram chegando a seus ouvidos. [Mas o que é que poderia escapar à onisciência de Ióssif Stálin?] O pai dos Gulags e da RDS-1 mandou ao velho amigo uma quantia considerável de seus ordenados.

Ora, se o aspirante a pintor Adolf Hitler tinha predileção pela *Cavalgada das Valquírias*, de seu compatriota pangermanista Richard Wagner; se o líder da SS nazista Heinrich Himmler recitava, em italiano, o *Inferno* de Dante Alighieri enquanto contemplava sessões reiteradas de asfixia nas câmaras de gás sob sua administração, por que Stálin não poderia escrever poesias?

Eis, então, um poema panteísta e existencialmente tocante de autoria de Ióssif Stálin:

Quando a lua cheia luminosa
Cruza flutuando a abóbada celeste
E sua luz, brilhando intensamente,
Põe-se a brincar no anil do horizonte;

Quando suavemente o rouxinol
Começa no ar seu gorjeio sibilante
Quando o anseio da flauta de pã
Plana acima do pico da montanha;

Quando, contida, a fonte da montanha
Torna-se torrencial e inunda o caminho,
E a floresta, acordada pela brisa,
Começa, farfalhando, a se agitar;

Quando o homem expulso por seu inimigo
Volta a tornar-se digno de seu país oprimido
E o enfermo privado de luz
Volta a ver o sol e a lua;

Oprimido também, vejo, então, a bruma da tristeza
Se dissipar, desfazer-se e logo sumir;
E a esperança da vida boa
Faz meu coração se abrir!

E, arrebatado por uma esperança assim,
Sinto júbilo n'alma e meu coração bater em paz;
Mas será autêntica tal esperança
Que me foi mandada nestes tempos?[1]

---

1. Traduzido para o português por Nelson Ascher e escrito por Stálin com o pseudônimo de Soselo, este poema composto antes de 1912 foi extraído do livro *Young Stalin* (*Jovem Stálin*), de Simon Sebag Monferiore. New York: Vintage Books, 2007, p. 54.

Originalmente, o poema de Stálin não tem título. Mas, em meio ao Bunker 42 e em nome dos milhões de vítimas soviéticas que, com fervor utópico, chegaram a entoar os dois últimos versos do poema – "Mas será autêntica tal esperança/ Que me foi mandada nestes tempos?" –, nós bem poderíamos intitulá-lo "Recordações do bunker dos mortos".

Imagem do Cristo ortodoxo no interior da Catedral de Alexander Niévski, em Níjni Novgorod

NÍJNI NOVGOROD – KM 417

(A LESTE DE MOSCOU)

Agora eu sou a Morte, a destruidora de mundos

Níjni Novgorod, 21 de junho de 2018

Por causa de sua oposição encarniçada à invasão do Afeganistão pelas tropas da URSS, a partir de 1979, o físico nuclear soviético (e dissidente político) Andrei Sákharov foi submetido, entre 1980 e 86, a um exílio interno na então cidade fechada de Górki (hoje Níjni Novgorod), à qual cidadãos soviéticos sem permissão e estrangeiros não podiam ter acesso – realizavam-se, em Górki, pesquisas nucleares que contribuíam, sobremaneira, para o desenvolvimento do programa atômico soviético.

Crítico contumaz ao stalinismo e à falta de liberdades civis na URSS, Sákharov chegou a afirmar que, a despeito do caráter libertador do Exército Vermelho em sua luta contra os nazistas, durante a Segunda Guerra Mundial, a campanha contra os afegãos era intrinsecamente imperialista, pecha que a propaganda soviética tendia a atribuir, unilateralmente, ao intervencionismo dos Estados Unidos, a despeito das invasões à Hungria, em 1956, e à então Tchecoslováquia, em 1968, pelos tanques da URSS.

Hoje transformado em um memorial, o apartamento de Sákharov, situado na avenida Gagárin, 214, era alvo de constantes batidas do KGB. Apenas a *glasnost* (democratização, transparência política e liberdade de informação) implementada pelo premiê Mikhail Gorbatchov veio a permitir que o exílio de Sákharov chegasse ao fim, o que possibilitou ao físico retornar a Moscou.

Sákharov foi um cientista fundamental tanto para o desenvolvimento da primeira bomba atômica soviética quanto para a implementação da bomba de hidrogênio, com capacidade de destruição (in)sensivelmente maior. Após entrar em contato, *in loco*, com o potencial radicalmente niilista dos armamentos nucleares, Sákharov rompeu com a sua atuação prévia como cientista e passou a militar, entusiástica e desesperadamente, contra a corrida armamentista tresloucada pela Guerra Fria. Em 1975, recebeu o Prêmio Nobel da Paz.

Há algo de profundamente quixotesco em Andrei Sákharov, com o melhor sentido do adjetivo derivado da personagem de Cervantes.

É como se, sumamente instigado pela curiosidade científica (que se alimenta continuamente de si mesma), Sákharov entrasse no quarto escuro da radioatividade para descobrir, qual um Cristóvão Colombo, as muitas Américas da física nuclear. É como se, para o cavaleiro cientista, os moinhos de vento fossem as fronteiras que deviam ser superadas por mais (e mais) conhecimento.

Mas, uma vez cruzados determinados limites, qual a garantia de que se possa – ou, pior, de que se queira – voltar atrás?

Uma vez liberto de sua lâmpada, qual a garantia de que o gênio possa – ou, pior, de que ele queira – voltar ao cativeiro?

É como se, sumamente desesperado diante do niilismo científico (que se alimenta continuamente de si mesmo), Sákharov quisesse fechar a porta do quarto escuro da radioatividade para evitar, qual um Quixote, a extinção das Américas. É como se, para o cavaleiro militante, os moinhos de vento fossem as fronteiras que deviam ser respeitadas diante da radical tangibilidade do nada.

Imaginemos a mescla – a bem dizer, a fusão nuclear – radicalmente paradoxal no coração de Sákharov, quando o cientista constata, em face do cogumelo atômico virtual e concretamente indômito, que o ápice do desenvolvimento científico da humanidade coincide com o potencial elogio de seu próprio naufrágio.

Sákharov certamente subscreveria todas e cada uma das palavras do físico estadunidense Julius Robert Oppenheimer, diretor do programa nuclear dos EUA (o Projeto Manhattan) para o desenvolvimento da bomba atômica durante a Segunda Guerra Mundial. Segundo Oppenheimer,

> nós [os cientistas] sabíamos que o mundo jamais seria o mesmo. Algumas pessoas riam, outras choravam. Mas a maioria permaneceu em silêncio. Me recordei de uma passagem das escrituras hindus, o *Bagavad-Gita*: tentando convencer o príncipe a concluir suas tarefas, Vichnu assumiu sua forma com vários braços e disse: "Agora eu sou a Morte, a destruidora de mundos". Os físicos conheceram o pecado[1].

Em 12 de setembro de 1994, o escritor argentino (e ex-físico nuclear) Ernesto Sabato concedeu uma entrevista ao programa *Roda Viva*, da TV Cultura. Após concluir seu doutorado, em Paris, Sabato chegou a trabalhar no Laboratório Curie [em deferência à cientista polonesa Marie Skłodowska Curie], no qual participou de estudos sobre a fissão do átomo de urânio que levariam à construção da bomba atômica poucos anos mais tarde.

Eis o que E. Sabato disparou acerca do niilismo científico:

> O apocalipse nuclear pode acontecer a qualquer momento, porque, entre outras coisas, os homens de ciência são *amorais* e qualquer um deles ficaria encantado em produzir o apocalipse nuclear, não é? A ciência é amoral; não é imoral, é amoral, ela está fora das convenções. O teorema de Pitágoras não é feio nem desagradável, ele é correto – e ponto final. O apocalipse nuclear já está acontecendo e está intimamente vinculado ao

1. A citação do físico Julius Robert Oppenheimer foi extraída do artigo "Oppenheimer e a bomba", que o físico Marcelo Gleiser publicou no caderno "Ciência", do jornal *Folha de S. Paulo*, em 16/05/2004. Eis o link para o artigo: <*https://bit.ly/2Ns8rSY*>.

desenvolvimento da ciência, que é enorme, desenvolvimento que produziu isso que os enciclopedistas chamaram de "progresso". Belo progresso, que, segundo os cálculos dos especialistas, pode dar ao planeta, em termos físicos (e mesmo sem a bomba atômica), mais uns quarenta ou cinquenta anos de vida[2].

No documentário *Sob a névoa da guerra*, direção de Errol Morris, Paul Warfield Tibbets Jr., brigadeiro-general da Força Aérea dos Estados Unidos e comandante do avião que lançou a bomba atômica sobre Hiroshima no dia 06 de agosto de 1945, revela que havia muita curiosidade entre os militares, cientistas e políticos a respeito das consequências da explosão do *Little Boy*. Testes haviam sido realizados em locais ermos e desérticos dos EUA, mas todos estavam muito instigados para ver quais seriam os efeitos da liberação do cogumelo atômico em uma cidade real – ou, melhor, em um laboratório a céu aberto.

Quando perguntam a Tibbets se ele sente algum tipo de culpa pelo aumento de temperatura da ordem de 5,5 milhões de graus centígrados e pela pulverização instântanea de 200 mil pessoas em Hiroshima – isso sem contabilizarmos as vítimas por causa da contaminação nuclear por anos e anos a fio –, o brigadeiro-general é categórico: "Hiroshima e, posteriormente, Nagasaki salvaram a população japonesa da extinção. Quantos milhões de mortos ainda não haveria se o *Little Boy* e o *Fat Man* não coagissem o imperador Hirohito à capitulação incondicional?"[3]

Vale frisar, ademais, que o filho dileto Paul Warfield Tibbets Jr. batizou o avião que ejaculou o menininho Caim sobre Hiroshima com o nome de sua mãe, Enola Gay.

---

2. A citação de Ernesto Sabato foi extraída do livro *O melhor do Roda Viva – Internacional*. Paulo Markun (Org.). São Paulo: Editora Conex, 2006, p. 45.

3. *Sob a névoa da guerra*, documentário dirigido por Errol Morris. EUA, 2003.

É preciso encontrar alguém diante de quem se possa ajoelhar

Níjni Novgorod, 22 de junho de 2018

Enquanto caminho pela longa avenida Gagárin, deparo com um monumento em homenagem aos militares mortos durante as guerras no Afeganistão, ainda sob a égide da União Soviética, e na Tchetchênia, já depois do colapso da URSS: um obelisco em cujo topo um anjo alado carrega (e sacraliza) o corpo de um soldado ceifado em combate.

Ao lado do obelisco, um grande painel de mármore enegrecido lista, em ordem alfabética, os nomes – ou, melhor, os sobrenomes seguidos das iniciais dos nomes – dos militares que deixaram de existir.

Monumentos em homenagem aos mortos durante a Segunda Guerra Mundial – 20 milhões de soviéticos tombaram durante o conflito – se sucedem vertiginosamente: um na avenida Gagárin, outro após as muralhas do Kremlin de Níjni Novgorod, ao centro do qual arde uma chama vigorosa e inexaurível como que a dizer: "Não nos esqueceremos de vocês". Na sequência, novos painéis de mármore enegrecido com os (sobre)nomes dos militares que morreram pela pátria.

Noto que, raramente, as pessoas que por ali transitam se aproximam dos painéis de mármore. Vistas de longe, as listas que individualizam os mortos mais parecem uma viscosa e indiscernível sopa de letras de que a Mãe Rússia se alimenta - chego a sentir náusea ao pensar que o nacionalismo belicista dos russos drena, incestuosamente, seus filhos de volta para o útero da terra que os pariu.

Ao fim e ao cabo, a avenida Gagárin desemboca na praça Máximo Górki, em homenagem ao escritor de origem sumamente humilde nascido em Níjni Novgorod, em 1868. Logo me lembro do título tão singelo quanto concreto do segundo tomo da trilogia autobiográfica de Górki: *Ganhando meu pão.* O nomadismo da pobreza fizera de Górki vendedor de pássaros e caixeiro viajante, pintor de ícones e padeiro, ferroviário - e jornalista. Enquanto observo a estátua altiva do escritor, fico pensando em como a forja da sensibilidade literária de Górki ia extraindo lirismo de seu périplo pelos vários biscates: o chilreio e as cores dos pássaros; as histórias e estórias dos compradores pelas várias cidades; o detalhismo das gravuras religiosas; o calor do forno da padaria (verdadeiro *bunker* contra o inverno russo) e os nacos de pão surrupiados; o vapor malemolente das locomotivas e a cadência dos vagões pelas bitolas; as vivências sendo impressas (ganhando corpo, *Ganhando meu pão*) nas páginas dos jornais.

Súbito, alguém toca em meu braço.

- Me desculpe incomodar, mas você não quer que eu tire uma foto sua ao lado da estátua do Górki? É que eu te vi todo compenetrado a olhar para o escritor...

Logo fico sabendo que a simpática Ekatierina (chamemo-la assim) é uma testemunha de Jeová (isto é, uma dissidente) na Rússia cada vez mais ortodoxa sob o punho de Vladímir Putin.

Kátia me relata que já sofreu constrangimentos policiais por causa de suas tentativas de evangelização pelas ruas de Níjni Novgorod. "É por isso que estou me mudando para a Ucrânia. Em Kiev, não há nada disso, lá eu posso ser quem eu sou. Por lá, a situação econômica é bem mais difícil, mas não há na Ucrânia um movimento de unificação religiosa como está acontecendo na Rússia. Ser ortodoxo – ter uma única religião –, na cabeça de quem comanda, parece contribuir para a unidade do país. É como se, com nossas reuniões semanais para debate dos textos bíblicos, como testemunhas de Jeová, nós fôssemos agentes centrífugos, verdadeiros espiões antinacionais. É preciso estar na igreja, é preciso ser ortodoxo. Se eu não faço parte da maioria, se eu não adenso a massa de fiéis alinhados com o pendor religioso de um Estado cada vez menos laico, eu não sou bem-vinda. A massa ou o exílio – já não parece haver meio-termo. Eles escutam nossas conversas pelo celular, eles nos espreitam como se não fôssemos russos – ser russo, para eles, implica ser ortodoxo; ser russo, para eles, implica não trazer quaisquer 'divisões' à sociedade. Se não estamos assistindo à formação de um consenso profundamente autoritário, eu já não sei dizer o que está acontecendo. Por favor, escreva sobre isso, mas não divulgue meu verdadeiro nome – apenas diga para as pessoas que a Rússia não se livrou do fanatismo. Não! Nós escapamos da propaganda comunista e caímos no colo da liturgia do nacionalismo e da ortodoxia. O povo parece não querer pensar por si próprio – o vácuo de ideias impostas pela cúpula do poder é perigoso: ele pode fazer lembrar que nós temos que pensar por nós mesmos. Isso é democrático – e a democracia é perigosa! A democracia é centrífuga, ela traz dissensões, e isso é perigoso, porque, segundo eles (os de cima), nós precisamos de alinhamento, nós precisamos de unidade. Vocês já não tiveram democracia após o colapso da União Soviética? – perguntam os de cima. E o que aconteceu? Perdas territoriais, o país à beira da guerra civil. Agora, prosseguem os de cima, vocês precisam de um líder (um guia, um pai, um tsar); agora vocês precisam da religião (uma única religião, uma doutrina, uma identidade), pois só assim a Rússia será una e forte novamente. E eu estou cansada de tudo isso – cansada e com medo. Por isso, estou indo embora, preciso abandonar o meu próprio país que já não sabe (e já não quer) me acolher".

Fico pensando nas palavras de Kátia e me vem à mente, ainda uma vez, a náusea dos monumentos em homenagem aos militares mortos em defesa da pátria. Os soldados se vão; seus nomes, supostamente individualizados, se embaralham nas listas (nas lápides) de mármore negro, mas a pátria, a Mãe Rússia (o útero e o sepulcro, o princípio e o fim), a pátria permanece, a pátria se unifica, a pátria convoca à ortodoxia para, em nome da unidade nacional, arregimentar fiéis para as igrejas e soldados para os batalhões e guerras vindouros, conflitos que gerarão mais monumentos em homenagem aos militares mortos em defesa da pátria; pátria que, com as mortes heroicas, se une e se engrandece – conhecemos algum afeto mais sólido do que o ímpeto de vingança e a saudade dos entes queridos? E, para o nacionalismo e para a ortodoxia – a bem dizer, para o nacionalismo ortodoxo –, ser testemunha de Jeová ou católico, protestante, muçulmano ou ateu aponta para o caráter centrífugo do *indivíduo* que destoa da massa, o indivíduo que não se quer arrolado pela lista, o indivíduo que não se vê membro da família, da religião ou do Estado – o indivíduo que tenta dizer *eu*, eis o inimigo. É por isso que, para a ortodoxia de Estado, para a ortodoxia nacional, uma mulher não se chama Ekatierina ou Ksênia; uma mulher, antes de mais nada, deve pertencer à família e parir; parir um fiel para a Igreja (crescei e multiplicai-vos); parir um soldado para o Estado (eis a multiplicação dos pães e dos peixes). Ajoelhar-se diante do clérigo ortodoxo (amém); ajoelhar-se diante do oficial militar (sim, senhor).

"Para o homem livre, não há desespero maior do que encontrar alguém diante de quem ele possa se ajoelhar"[1]: com essa frase, o grande inquisidor de Dostoiévski, personagem composta pelo intelectual Ivan Karamázov em *Os irmãos Karamázov*, pensava exprimir uma tendência (o discurso da servidão voluntária) comum aos mais diversos povos – a bem dizer, ao "homem" em qualquer tempo e em qualquer lugar. Quem me ajudou a entrever, com mais acuidade, o caráter eminentemente *russo* da colocação do grande inquisidor foi a estudiosa da obra de Dostoiévski Galina Boríssovna Ponomariova, que foi diretora do Museu-Casa Dostoiévski, em Moscou, de 1983 a 2017. Para Ponomariova, que vê em Vladímir Putin um líder forte e carismático, os russos rechaçam a democracia pelo fato de as instituições republicanas – o Executivo, o Legislativo e o Judiciário; a vontade soberana do povo por meio do voto – serem entes de poder meramente abstratos; "os russos", prossegue Ponomariova, "querem ver o corpo e a concretude do soberano, os russos querem ouvir sua voz e ver as inflexões de seu rosto – os russos, em suma, querem tocar a aura daquele que os governa".

Em *Mein Kampf* (*Minha luta*), Adolf Hitler sentenciou que, ao falar com as massas, pelas massas e para as massas, o orador não deveria lançar mão de argumentos lógicos e concatenados, mas, sim, apelar para o sentimentalismo e a emotividade, com argumentos vagos e repletos de arroubos de retórica, como se esti-

1. Fiódor Dostoiévski, *Os irmãos Karamázov.* Tradução de Paulo Bezerra. São Paulo: Editora 34, 2012, p. 666.

vesse flertando com uma "mulher"[2] – para a misoginia autoritária de Hitler, as massas eram tão suscetíveis e volúveis quanto uma "mulher".

Não à toa, o judoca Vladímir Putin já foi veiculado pela mídia, inúmeras vezes, com o torso nu e a reboque de atividades tidas como viris, tais como caçadas e cavalgadas. Salvo engano, a última aparição seminua de Putin – aparição devidamente veiculada pela TV estatal – se deu no dia 19 de janeiro deste ano, quando o presidente mergulhou nas águas gélidas do lago Seliger, a aproximadamente 400 km ao norte de Moscou, para celebrar a Epifania ortodoxa, festividade que relembra o batismo de Jesus Cristo nas águas do rio Jordão. No momento da aparição viril e epifânica de Putin, os termômetros marcavam -6ºC.

É assim que, para arrematar o *pathos* político da alma russa, Galina Boríssovna Ponomariova sentencia que "os russos, a bem dizer, querem não a democracia, mas o retorno da monarquia. Os russos ainda não estão prontos para tanto, mas é o que eles querem".

---

2. Adolf Hitler, *Minha luta.* Tradução de Klaus von Puschen. São Paulo: Editora Centauro, 2001, p. 171.

A BORDO DO TREM QUE VAI DE NÍJNI NOVGOROD A KAZAN

Abandonai toda a esperança, vós que entrais

Entre Níjni Novgorod e Kazan, 23 de junho de 2018

Da colina onde fica o Kremlin de Níjni Novgorod, é possível ver, rente à outra margem do Volga, a Catedral de Alexander Niévski – o amarelo vivaz da igreja contrasta com as águas turvas do rio e com os prédios cinzentos que, a uma certa distância, circundam a catedral; assim, enquanto caminho pela ponte, a Alexander Niévski desponta com o acalento (e o refúgio) de um ninho.

Secundada pela sentinela de um enorme sino de bronze exposto diante da igreja, a Niévski é encimada por três bulbos sinuosos como a chama das velas – Pai, Filho e Espírito Santo – que envergam a cruz ortodoxa; à diferença da cruz católica, a cruz ortodoxa é composta por três travessas horizontais: a travessa superior traz a inscrição latina I.N.R.I. (*Iesus Nazarenus Rex Iudaeorum*, Jesus de Nazaré, Rei dos Judeus); o horror da travessa intermediária cala a pregação de Cristo com os pregos dos carrascos romanos; por fim, a travessa inferior, inclinada como uma hipotenusa, representa o arremedo de apoio para os pés.

Uma senhora com a cabeça envolta por um lenço policromático amarrado sob o queixo sobe, lentamente, a escada rumo à catedral; a cada degrau, ela faz o Pelo Sinal ortodoxo, que também guarda diferenças em relação a seu congênere católico: ela junta o dedo médio e o indicador destros ao dedão – Pai, Filho e Espírito Santo – e inicia a persignação que vai da testa ("Em nome do

Pai"), chega até o umbigo ("do Filho") e leva os três dedos primeiramente ao ombro direito para só depois tocar o ombro esquerdo ("e do Espírito Santo, amém").

O interior de uma igreja ortodoxa – da mais singela à mais imponente, como a Niévski – mais parece a emanação do arco-íris: do azul, entre celeste e turquesa, ao amarelo intenso e luminoso, passando pelo rosa mais sereno e apaziguador, as paredes e pilastras policromáticas se veem entremeadas por retratos dos apóstolos e santos; episódios bíblicos desenhados por todos os lados capricham nas túnicas, para os homens; no lenço ao redor da cabeça e amarrado sob o queixo, para as mulheres; e nos olhos bem abertos e extáticos, para ambos. As auréolas dos santos – círculos de luz ora totalmente amarelos, ora com o arco delimitado em vermelho – são onipresentes. Geralmente, há um lustre central, de ouro, que desce a partir da abóbada mais sobrelevada. Incensórios suspensos, mais frequentemente de prata, são tão comuns quanto os castiçais dourados nos quais os fiéis, sempre em pé (não há bancos nas igrejas ortodoxas), depositam suas velas delgadíssimas e fazem suas orações, pedidos e promessas (não necessariamente nessa ordem).

O Cristo ortodoxo, por sua vez, requer um fôlego descritivo à parte.

Vi a imagem oriental de Jesus, pela primeira vez, em Moscou – era abril de 2008, e eu mal havia chegado à capital russa. Pois eu me lembro bem da profunda impressão que tal Cristo semita me causou: a pele cabocla do deserto; os olhos grandes como tâmaras e melancólicos pelo prenúncio da Paixão; as olheiras profundas e piedosas; o nariz delgado e aquilino como que a prenunciar uma das hastes da cruz; a barba desgrenhada – ou, melhor, revolta, indômita. Nunca consegui descobrir a verdadeira elevação do sofrimento no Cristo etnocêntrico (loiro, de olhos azuis) do catolicismo. O *pathos* do Cristo ortodoxo, no entanto, me leva diretamente às dolorosíssimas prostrações do Monte das Oliveiras.

Logo me lembro, então, daquela que talvez seja a cena mais humanamente emblemática dos evangelhos: o momento em que o apóstolo Judas Iscariotes (que fora escolhido por Cristo) revela aos soldados romanos e aos fariseus quem é Jesus ao lhe dar um beijo no rosto, conforme fora combinado.

Estupefato, assim falou Jesus Cristo (aquele, lembremos, que escolhera Iscariotes como apóstolo): "Judas, com um beijo você está traindo o Filho do homem?"[1]

O Sermão da Montanha, de Jesus Cristo, nos oferece o beijo de amor e de perdão. O Sermão da Estepe, proferido por um dos apóstolos escolhidos por Cristo, nos traz o beijo de Judas. Eis os dois lábios com que beija a natureza humana.

Nesse sentido, uma cena emblemática do filme *Leviatã*, dirigido pelo russo Andrei Zviaguintsev, tem muito a nos dizer. (Recapitulemos, brevemente, o contexto narrativo para que possamos descer ao mais baixo círculo do inferno.)

O mecânico e artesão Nikolai (Kolia) é pai do jovem Romka, marido de Lilia e melhor amigo de Dmítri. Kolia é proprietário de uma casa que fora construída por seu avô, um dos pioneiros da cidadezinha que fica num rincão da Rússia.

Ocorre que o terreno da casa de Kolia está sob a mira de Vadim, um político municipal inescrupuloso que venda os olhos da Justiça para que, de uma forma ou de outra, seu ímpeto empreendedor se realize.

---

1. *Evangelho segundo Lucas*, capítulo 22, versículo 48.

A princípio, o município, secundado pela Justiça – ou seria a Justiça, secundada pelo município? (a ordem dos fatores não altera o produto) –, oferece uma indenização, bem abaixo do valor de mercado, pela casa de Kolia que, irremediavelmente, será desapropriada.

Ocorre que essa primeira desgraça a se abater sobre Kolia é, única e tão-somente, a primeira.

Dmítri, melhor amigo/advogado de Kolia, sugere, eventualmente, que o amigo aceite a indenização e se mude para Moscou com a família. Vale frisar que Kolia não quer se desfazer da casa que fora construída com o suor e o afinco de seus ancestrais. "Nós moraremos perto um do outro em minha cidade, Kolia!" – exclama Dmítri[2]. Logo ficamos sabendo, no entanto, que Dmítri é amante de Lilia. (Será que o amante/advogado/*muy* amigo repassaria a indenização pela expropriação para Kolia ou a embolsaria para fugir com Lilia?)

Kolia e seu filho Romka descobrem o caso extraconjugal de Lilia, que, vale frisar, não é a mãe de Romka; é quando o marido traído, beberrão (como muitos russos) e bravateiro como ele só ameaça matar o amigo traidor e a adúltera. (Mero fogo fátuo, pois Kolia, que ama Lilia com o fundo de sua alma, logo lhe perdoa e passa a desejá-la com ainda mais ardor.) Romka, no entanto, não consegue perdoar a traição da madrasta. Ele exige que Kolia, que é um pai bastante amoroso (a despeito de uns safanões corretivos de vez em quando), abandone Lilia. Kolia, então, fica entre a cruz e a espada – o amor de pai contra o amor de marido.

---

2. A fala de Dmítri e as falas das demais personagens foram extraídas do filme *Leviatã*, do diretor Andrei Zviaguintsev. Rússia, 2014.

Quiçá acossada pela culpa por ter traído o marido que tanto a ama justamente com Dmítri, Lilia fica desesperada. (Deus e o diabo estão em luta, e o campo de batalha é o coração da adúltera.) Diante da possibilidade de ser abandonada por Kolia – para onde foi o ex-amante/oportunista Dmítri, hem? – e de se ver completamente sozinha e desamparada, Lilia, em um rompante tão tresloucado quanto irreversível, se joga de um penhasco.

Colega da proletária Lilia na fábrica de processamento de linguiças, Ângela começa a desconfiar de Kolia em face do sumiço de sua amiga adúltera. "Ele não havia dito que mataria o amigo e a mulher depois de ficar sabendo da traição? E agora?!" Assim Ângela especula com seu marido, o policial Pável (Pacha), que, muitas vezes, mandara consertar seu carro (e o de seus amigos), de graça, com o generoso Kolia. Ângela arremata: "Pacha, faça alguma coisa, homem, você é policial! Para onde a Lilia foi? Tá na cara que o Kolia matou a Lilia irado pela traição – vamos, homem, é seu dever investigar isso, é seu dever denunciar tudo isso!"

O município sob o punho de Vadim tem interesse na imediata desapropriação do terreno onde fica a casa secular de Kolia. Tanto melhor se, para chegar a esse resultado, Kolia for indiciado.

A polícia e a Justiça, secundadas pelo poder municipal, corroboram as meras suspeitas (convicções sem provas) levantadas por Ângela.

Kolia é traído pela mulher a quem ama e pelo melhor amigo.

Lilia se suicida.

Dmítri simplesmente desaparece.

Kolia é condenado a 15 anos de prisão.

Kolia tem a casa de seus ancestrais desapropriada – e destruída.

Ângela e Pável, *muy* amigos do casal Kolia e Lilia, vão ao que restou da casa de Romka, após a prisão de Kolia, para sugerir ao filho abandonado que ele fique sob a guarda daqueles que denunciaram seu pai à polícia. "Romka, você ainda não tem 18 anos; se você não ficar conosco, o Estado vai te mandar para um orfanato". Romka (ainda) não sabe que seus potenciais pais adotivos foram os artífices da prisão/condenação de Kolia; entretanto, o órfão precoce, já devidamente calejado pelo niilismo da vida, assim sentencia para os lobos em pele de cordeiro: "Eu sei por que vocês querem me adotar: vocês querem ficar com o dinheiro da indenização pela expropriação da casa, não é?"

Kolia, então, pode ter o filho surrupiado por aqueles que araram a terra de sua condenação torpe e radicalmente injusta.

Única personagem a clamar por justiça verdadeira e a agir com retidão – como trabalhador e como reclamante, como pai, marido e amigo – em meio a um verdadeiro ninho de víboras, Kolia, o injustiçado, se sente abandonado, antes de mais nada, por Deus.

Kolia, o desgraçado.

É assim que, pouco antes de ser preso, Kolia depara, por acaso – como todos os acasos que haviam despencado em sua vida –, com o padre de seu vilarejo. Chega o momento, então, de Kolia, tataraneto de Jó, perscrutar o sentido de sua vida em meio a tantas desgraças.

KOLIA: Vamos, padre, me diga: onde está o seu Deus onipotente e onipresente agora? Será que Ele virou cúmplice de Sua própria onisciência?

PADRE: Faz tempo que você não segue os rituais da igreja, Kolia – faz tempo que você não vai à missa, faz tempo que você não faz orações, faz tempo que você não acende velas.

KOLIA: Quer dizer que se eu estivesse acendendo velas teria sido tudo diferente?

PADRE: Não sei. O Senhor se move de maneiras misteriosas.

KOLIA: Não sabe, padre? Ora, então por que você me chama para a confissão?

Kolia, o desgraçado, não precisa ler o romance *O idiota*, de Dostoiévski, para entender, contra cada fímbria de seu corpo, as agruras de Hippolit, um jovem de pouco mais de 20 anos (se tanto) que se vê condenado à morte por uma tuberculose avançadíssima que já não vai abandoná-lo.

É assim que, em dado momento do romance, Hippolit escreve uma carta-testamento, ao fim da qual, como Kolia, o jovem interpela o silêncio de Deus para tentar perscrutar o sentido de seu holocausto:

> Nós humilhamos demasiadamente a Providência, atribuindo-Lhe os nossos conceitos, movidos pelo despeito de não podermos compreendê-La. Porém, se ademais é impossível compreendê-La, também é difícil responder por aquilo que não é dado ao homem compreender[3].

---

3. Fiódor Dostoiévski, *O idiota*. Tradução de Paulo Bezerra. São Paulo: Editora 34, 2002, p. 465.

Mesquita encravada no coração do Kremlin de Kazan

KAZAN – KM 794

(A LESTE DE MOSCOU E DE NÍJNI NOVGOROD)

Deus, Alá e a flor que murchou sua beleza como um derradeiro ato de liberdade

Kazan, 24 de junho de 2018

Capital da República do Tartaristão, uma das repúblicas que formam a Federação Russa, Kazan já me mostra seu sincretismo étnico-religioso junto à entrada do Kremlin local: uma inscrição, em cirílico e em árabe, celebra a contribuição das profissões de fé ortodoxa e muçulmana para as tradições da cidade. É assim que sobrenomes como Chamilov e Kiríllov despontam em feições com olhos puxados e maçãs do rosto sobrelevadas, traços típicos dos tártaros de origem asiática. [Bem capaz de surpreender boa parte dos forasteiros, tal mescla não tem como deixar este brasileiro boquiaberto, uma vez que a mestiçagem é a razão de ser do nosso país – do horror da escravidão de negros e índios pelos portugueses ao ímpeto (até hoje dolosamente adiado) por uma verdadeira e libertária democracia plurirracial.]

Cruzada a muralha caiada e altiva do Kremlin, logo deparo com a escultura de um guerreiro tártaro de feições enrijecidas pela iminência do combate. O traje militar, não de todo distinto de um quimono, é atado por uma faixa, à altura da cintura. Com o braço esquerdo, o soldado soergue um enorme escudo; a mão direita retém uma espada de lâmina curva como a lua crescente islâmica – eis o prenúncio da *jihad*, a guerra santa que os islâmicos tiveram o ímpeto de mover contra o tsar Ivan, o Terrível, já que o adjetivo que veio a caracterizar o monarca bem nos pode mostrar sua disposição em reprimir duramente os muçulmanos que vinham professando sua fé bem antes da chegada da cruz (e das tropas) ortodoxa(s).

Mas eis que, à revelia do déspota ortodoxo e em consonância com a maioria da população de Kazan, que professa o islamismo, o Kremlin abriga em suas muralhas uma mesquita de abóbada azul vivaz circundada por quatro minaretes, em cujos topos a lua islâmica desponta voltada para Meca. Como sói acontecer, trechos do Alcorão percorrem as paredes da mesquita com a plasticidade dos caracteres árabes.

Como o Ocidente e suas (neo)cruzadas tendem a ter uma visão extremamente limitante e limitada do islamismo, compartilho com os leitores e leitoras do *Diário de um escritor na Rússia* alguns trechos do sermão de despedida do profeta Maomé, um dos textos religiosos mais libertários com os quais já tive contato. Li tal sermão pela primeira vez, em inglês, no pátio da Mesquita Azul, em Istambul, na Turquia; como o Ocidente é cioso de sua própria genealogia para a construção dos direitos humanos, os muçulmanos parecem (e não mais do que parecem) desprovidos da possibilidade de alteridade e empatia. Não à toa, entretanto, o sermão de despedida do profeta Maomé foi arrolado como um prenúncio da Declaração Universal dos Direitos Humanos. Eis, então, alguns fragmentos maometanos que ressoam e renovam as palavras mais emancipatórias de Jesus Cristo:

> Ó Povo, assim como consideram este mês, este dia e esta cidade como sagrados, considerem a vida e a propriedade de todo muçulmano como sagrados. Devolvam os bens que lhes forem confiados aos seus legítimos donos. Não prejudiquem uns aos outros para que ninguém os prejudique. Lembrem que encontrarão seu Senhor, e que Ele pedirá contas de seus atos. Não devem infligir nem sofrer qualquer injustiça.

Ó Povo, é verdade que têm certos direitos em relação às suas mulheres, mas elas também têm direitos sobre vocês. Lembrem que as tomaram como esposas somente sob a custódia de Deus e com Sua permissão. Se elas mantiverem os seus direitos, então a elas pertence o direito de ser vestidas e alimentadas com gentileza. Tratem bem suas mulheres e sejam gentis com elas, porque elas são suas parceiras e ajudantes dedicadas.

Toda a humanidade descende de Adão e Eva. Um árabe não é superior a um não-árabe, nem um não-árabe tem qualquer superioridade sobre um árabe; o branco não tem superioridade sobre o negro, nem o negro é superior ao branco; ninguém é superior, exceto pela piedade e boas ações. Aprendam que todo muçulmano é irmão de todo muçulmano e que os muçulmanos constituem uma irmandade. Nada que pertença a um muçulmano é legítimo para outro muçulmano a menos que seja dado de livre e espontânea vontade. Portanto, não cometam injustiças contra vocês mesmos.

Lembrem que um dia se apresentarão perante Deus e responderão pelos seus atos. Então fiquem atentos e não se desviem do caminho da retidão depois que eu partir.

A 100 metros da mesquita, deparo com uma igreja ortodoxa encimada por bulbos azuis, ao centro dos quais desponta um bulbo dourado e sobrelevado representando a primazia de Deus.

Por séculos desde Ivan, o Terrível – a mando de quem tal igreja ortodoxa foi erigida –, o canal Bulac cindiu Kazan em duas metades antagônicas: de um lado, os cristãos ortodoxos; do outro, os tártaros muçulmanos. Se nos lembrarmos da águia bicéfala como símbolo da monarquia tsarista, teremos que a águia voltada para o Ocidente (a Europa) e a águia voltada para o Oriente (a Ásia) só não se devoravam porque a coroa do tsar, pairando em meio a ambas para conter o potencial fratricídio, (supostamente) suplantava e unificava as dissensões. Para além, no entanto, do cetro monárquico – e a despeito da nova aliança (ou, melhor, da nova cumplicidade) entre Estado e ortodoxia sob Vladímir Putin –, o

Kremlin de Kazan dá o tom para a coexistência pacífica entre cristãos e muçulmanos.

Ocorre que a convivência entre fiéis de credos distintos em meio aos territórios russófilos pluriétnicos e plurirreligiosos tem um histórico profundamente encarniçado.

Recorramos, então, à novela *Khadji-Murát*, de Tolstói, para, em meio ao Cáucaso convulsionado por guerras étnico-religiosas entre cristãos e muçulmanos, entrarmos em contato com momentos cruciais da vida do comandante regional Khadji-Murát, rebelde que já lutara ao lado do *imame* Chamil, chefe caucasiano que, a partir de 1834, moveu guerra aos russos durante 25 anos.

Quando o narrador de Tolstói nos apresenta Khadji-Murát, o combatente se debandara para o lado dos russos. A princípio, imaginamos que Murát traíra Chamil pela vontade de poder, pois o (suposto) desertor já

> imaginava como avançaria contra Chamil à frente do exército que [o comandante russo] Vorontzóv lhe daria e como o faria prisioneiro; depois, o tsar russo iria premiá-lo, e ele governaria não só a Avaria, mas toda a Tchetchênia por ele submetida[1].

Logo descobrimos que, em meio às disputas de poder, Chamil aprisionara os familiares de Khadji-Murát – daí a guinada do rebelde em direção aos cristãos e daí o ímpeto por vendeta. [Exímio conhecedor das contradições humanas, Tolstói entrevê o altar da *jihad* soerguido pela natureza profana dos homens.]

Panoramicamente, eis os marcos narrativos de *Khadji-Murát*. Ocorre que, junto com o fluxo da estória, o breve romance parece desvelar um afã tolstoiano por cenários e costumes típicos do Cáucaso, afã que, encadeado poeticamente à narrativa, chega

---

1. Liev Tolstói, *Khadji-Murát*. Tradução de Boris Schnaiderman. São Paulo: Editora 34, 2017, p. 52.

a conferir estatura ontológica às descrições, como se a natureza e a cultura do Cáucaso fossem elevadas à condição de personagens. É assim que "margaridas insolentes" se esgueiram entre "malmequeres brancos e jeitosos, de pólen amarelo vivo"; é assim que "doía olhar para o aço das baionetas e para o brilho, semelhante a pequenos sóis, que aparecia subitamente sobre o bronze dos canhões"; é assim que a "fragrância orvalhada da noite de lua" ressoa "o canto e o silvo de alguns rouxinóis, vindos do jardim pegado à casa"; é assim que a lembrança do avô de Khadji-Murát, "de rosto enrugado e barbicha grisalha", o obriga a proferir as orações diárias com suas "mãos de veias intumescidas"[2]. [Em *Khadji-Murát*, a sobreposição vertiginosa de descrições-personagens como que transforma o foco narrativo em tomadas fílmicas - não à toa, o cineasta russo Serguei Eisenstein apreendeu germes de narrativa cinematográfica em meio à pulsão imagética de Tolstói.]

Em um breve preâmbulo a *Khadji-Murát*, o narrador nos diz que tentara colocar uma bardana de haste rija e fibrosa no centro de um ramalhete com as mais belas flores do Cáucaso. A bardana resistiu vigorosamente à subjugação e, quando seu caule enfim se partiu, a flor murchou sua beleza como um derradeiro ato de liberdade. Ao fim da estória, o narrador retoma a imagem da bardana indômita como uma metáfora para o destino de Khadji-Murát, cuja vida premida entre a dominação russa, a guerra santa e a vendeta pelos entes queridos o transforma em uma personagem trágica, para quem, ainda que a morte seja certa e iminente, é preciso fazer o elogio do próprio naufrágio[3].

---

2. Idem, p. 25; 126-127; pp. 162-163; p. 166.

3. Parte deste escrito compôs o meu texto "Tolstói e a guerra do Cáucaso", publicado em 08/07/17 no caderno literário "Aliás", do jornal *O Estado de S. Paulo*.

Adeus, Lênin?

Kazan, 25 de junho de 2018

Ao largo da Praça Vermelha, em Moscou – a bem dizer, por todos os cantos da capital russa e, provavelmente, em todas as cidades do país –, é possível encontrar a матрёшка (*matriochka*), uma boneca multicolorida de madeira que se abre ao meio e de cujo ventre vão saindo, sucessivamente, bonequinhas cada vez menores.

Na Rússia historicamente transpassada pelo culto ao grande líder, não poderia faltar a *matriochk*a política, é claro. Assim, da boneca maior, representada pelo neotsar Vladímir Putin, à boneca menor, encarnada pelo bolchevique Vladímir Lênin, as *matriochki* (emprego, aqui, o plural russo) vão acompanhando, da contemporaneidade até os primórdios da Revolução de 1917, a sucessão inversa de presidentes russos e premiês soviéticos.

Putin, então, engloba Boris Iéltsin, o primeiro presidente eleito após o colapso da União Soviética que, por sua vez, contém Mikhail Gorbatchov, o líder reformista que, ao tentar arejar a URSS para dar uma face humana ao socialismo, acabou sendo o último a apagar as luzes [até hoje, alguns sovietófilos nostálgicos acusam Gorbatchov de alta traição; ademais (e talvez já com três ou quatro talagadas de vodca a mais), há quem acuse o carismático Gorbi, com sua característica mancha vermelha sobre o cocuruto, de ser um maçom a serviço do imperialismo estadunidense].

Gorbatchov, por sua vez, engloba Leonid Brejnev, o longevo e sonolento premiê que, com sua voz algo embargada, permaneceu no poder durante 18 anos – de 1964 até o ano de sua morte (1982). [A *matriochka* política pula, na sucessão inversa de Gorbatchov a Brejnev, os gerontocratas Konstantin Tchernenko e Iúri Andropov, que, devido à idade bíblica, acabaram permanecendo durante muito pouco tempo à frente da URSS.]

Brejnev contém o carismático e bom de briga Nikita Khruschov, o secretário geral do Partido Comunista que liderou a URSS durante a gravíssima crise dos mísseis em Cuba, em outubro de 1962, escaramuça que, ao contrapor as duas superpotências da Guerra Fria, quase levou o mundo ao apocalipse nuclear.

Khruschov, então, engloba Ióssif Stálin, o ditador que comandou a União Soviética durante a Grande Guerra Patriótica contra os invasores nazistas e que, por meio dos planos quinquenais, da coletivização/inanição forçadas no campo, da política de extermínio e expurgo dos (supostos) inimigos e da drenagem de trabalho escravo, levou a URSS, segundo uma de suas colocações mais pitorescas, "do arado de ferro à bomba atômica".

A *matriochka*/Kinder Ovo de Stálin, ao fim e ao cabo, dá à luz Vladímir Lênin, o líder da Revolução de Outubro de 1917.

Mas, para aquém (e para além) do grande panorama histórico com seus líderes máximos, como era a vida cotidiana (o microcosmo) em meio à União Soviética?

A propaganda estadunidense durante a Guerra Fria (corroborada pelos golpes militares profiláticos aplicados na América Latina com o beneplácito dos EUA) só fazia enfatizar o totalitarismo de Estado e a falta de liberdades civis, o desrespeito aos direitos humanos, a escassez de produtos nos mercados e as filas quilométricas para a obtenção de alimentos. Mas, ao lado do teor de verdade de tais colocações, como era a vida cotidiana (o microcosmo) em meio à União Soviética?

Para tentar elucidar um pouco das expectativas e sonhos dos cidadãos e cidadãs soviéticos, o Soviet Lifestyle Museum, aqui em Kazan, nos apresenta um verdadeiro antiquário – ou relicário, a depender da coloração ideológica – do cotidiano da URSS.

Logo à entrada do museu, deparo com uma piada que atesta, para os devidos fins, que o escritor tcheco Franz Kafka recebeu o título de cidadão honorário da União Soviética. (Vale frisar que Kafka costumava rir aos borbotões enquanto lia para os amigos suas estórias de sumo medo a prenunciar o totalitarismo de Estado à direita e à esquerda.) Eis o chiste:

– Alô, é da polícia?
– Sim.
– Aqui é o Vássia.
Breve ruído.
Em 5 minutos a campainha volta a soar.
– Alô, é da polícia?
– Sim.
– Aqui é o Vássia.
Breve ruído.
5 minutos.
Campainha.
Voz junto à porta.
– É o Vássia?
– Sim.
– Aqui é a polícia.

Logo ao lado, leio um chiste que espia através do verniz oficial da ética soviética do trabalho [a ética protestante (sem Deus) e o espírito do socialismo]:

– Onde você trabalha, Ivan?

– Em nenhum lugar.
– Mas o que você faz?
– Nada.
– Mas que trabalho fantástico!
– Sim, meu trabalho é fantástico – mas a concorrência é enorme!

E que dizer da cobrança dos pais soviéticos pelo bom desempenho de seus filhos na escola? Com um sorriso de canto de boca, o Soviet Lifestyle Museum nos dá uma dica:

– Paizinho, hoje na escola tem reunião de pais... Mas é só pra alguns pais.
– Só para alguns pais? Como assim, Sacha?!
– Sim... A reunião é só pra você e pro professor.

Em contraposição à aura cinzenta que a propaganda dos EUA atribui à URSS, o museu desvela a vida soviética em seu lirismo risonho:

– Kátia, minha filha, o que você tá fazendo?
– Tô escrevendo uma carta, mamãe.
– Ora, menina, mas você ainda não sabe escrever!
– E o que que tem? A minha amiga também não sabe ler.

E que dizer quando uma mãe depara com o retrato de seu filho artista quando bem jovenzinho?

– Mamãe, mamãe, eu tive um sonho muito lindo, mamãe! – exclama o pequeno Sacha.
– E você sabe o que o sonho quer dizer, meu filho?
– Claro que sei, mamãe. O sonho... é o cinema enquanto dorme.

Tornando o tempo e a memória tangíveis, o Soviet Lifestyle Museum apresenta pôsteres os mais diversos – da estátua idealizada do operário brandindo o martelo ao lado da camponesa soerguendo a foice até as admoestações (a bem dizer, as ordens) estatais para que os cidadãos não fumassem e (como se adiantasse alguma coisa) não bebessem.

Jaquetas e camisetas, calças e tênis, broches, bolsas e adesivos com os caracteres em russo, sempre grafados em vermelho, da СССР [Союз Советских Социалистических Республик (*Soiuz Sovietskikh Sotsialistitcheskikh Respublik*), isto é, União das Repúblicas Socialistas Soviéticas.]

Uma charge anônima mostra um enorme alicate com a estrela vermelha da URSS desmembrando as engrenagens decrépitas de um Hitler trêmulo e mal preparado para enfrentar o General Inverno russo. Ao lado de um pôster altivo do soldado soviético na Segunda Guerra – За Родину, За Сталина, За Свободу! (*Za Rodinu, Za Stalina, Za Svobodu!*, isto é, Pela Vitória, Por Stálin, Pela liberdade!), vejo uma foto, em preto-e-branco, de uma camponesa que acena, sorridente, da carroceria do trator de sua fazenda coletiva – provavelmente, a foto data dos anos 1960, quando Khruschov, a partir de uma política de degelo antiestalinista, procurou insuflar ímpeto de utopia rediviva na população com seu estímulo a safras recordes no campo e a programas de construção coletiva de edifícios a partir de blocos pré-fabricados, para que cada família soviética pudesse viver em seu próprio apartamento para além das moradias coletivas.

Quem já leu o romance *Doutor Jivago*, obra-prima que rendeu ao russo Boris Pasternak o Prêmio Nobel de Literatura em 1958, se lembrará de que, não muito tempo depois da vitória dos bolcheviques, em outubro de 1917, a enorme casa do médico (e poeta) Iúri Jivago foi expropriada e passou a abrigar várias famílias em seus numerosos cômodos. [Não à toa, um velho dito da finada República Democrática Alemã – mais conhecida, no Ocidente, como Alemanha Oriental – sentenciava que uma cozinha própria (isto é, uma cozinha não compartilhada com um sem-número de famílias) valia uma vida.]

Um pôster colorido em homenagem à parada do Dia 1º de Maio me permite entrever a elegância austera das mulheres soviéticas, com seus vestidos sem decotes – não se veem nem mesmo ombros à mostra –, cinturas bem talhadas e meias-calças a realçar a silhueta até a comportada altura dos joelhos. Carregando bexigas de várias cores, a molecada veste bermudas, meias suspensas e camisas de botão com mangas compridas.

Um pôster do Коммунистический Союз Молодёжи (*Kommunistitcheski Soiuz Molodioji*, isto é, União da Juventude Comunista), o Komsomol, sentencia que o membro pré-mirim, com seu lenço vermelho ao redor do pescoço, deve estar "Sempre pronto!" – Всегда готов! (*Vsegda gotov!*) – para as demandas do Partido. Com o braço estendido em continência e a mão direita aberta em palma a cruzar a testa como se fosse uma hipotenusa, a saudação do Komsomol já prepara o jovem membro para a disciplina de caserna do socialismo. [Não à toa, um velho dito do Partido Comunista da finada Alemanha Oriental assim sentenciava: *Die Partei hat immer Recht* (O Partido sempre tem razão).]

E eis que vejo uma foto de Mikhail Kalachnikov enviada pelo próprio militar e engenheiro russo ao Soviet Lifestyle Museum. Datada de 09 de novembro de 2013, véspera do 94º aniversário do lendário inventor do fuzil de assalto AK-47, Kalachnikov só viveria mais 44 dias depois de capturada a imagem em que aparece de olhos algo esbugalhados e vestido com uma jaqueta esportiva junto à sua mesa de trabalho. À esquerda (mas também à direita), o AK-47 passou a fazer parte das mais diversas sublevações armadas pelo mundo – após a guerra de independência em relação a Portugal, Moçambique chegou a estampar o fuzil em sua bandeira nacional.

Boletins escolares e gramáticas soviéticas; pistolas de plástico e réplicas do AK-47 em madeira; sobretudos e quepes do Exército Vermelho e do KGB; vitrolas e fitas cassete (músicas de época ficam tocando ao fundo); perucas desgrenhadas e maços de cigarro amassados; centenas de fotos de Gagárin e desenhos do cosmonauta com giz de cera; máscaras de gás (para o caso sempre "iminente" de um ataque ianque) e até mesmo uma bolsa, dos anos 80, com a imagem de um velho Lada – no Parque Lênin, nas cercanias de Havana, em julho de 2013, dirigi um Lada vermelho cuja caixa de câmbio já não discernia entre a segunda e a quarta marchas e cujos pneus, mais carecas que Lênin, ainda assim freavam quando, já começando a suar, eu pisava no pedal até o talo.

Em 2008, enquanto eu fazia um curso de língua russa na Российский Университет Дружбы Народов (*Rossiiskii Universitet Drujby Narodov*, Universidade Russa da Amizade dos Povos), um de meus professores, o bigodudo Vitali Tchartoritcheski, traçou uma comparação entre os novos e os velhos tempos.

– Como nós, acadêmicos das humanidades, não tínhamos lá muito prestígio em comparação com os cientistas e engenheiros que impulsionavam a corrida armamentista e o programa aeroespacial da União Soviética, não nos restava muito ímpeto para a criatividade – isso sem falar na liturgia do marxismo-leninismo segundo a qual precisávamos rezar. Ainda assim, chegamos a fazer alguns estudos pitorescos, por meio dos quais descobrimos que Púchkin e Lênin, em termos de estatística vocabular, eram de fato gênios: há mais de 10 mil palavras distintas – se bem me lembro, a cifra chega a 15 mil – empregadas por eles ao longo de suas obras, veja só! E, bom, se você estiver pensando que tais estudos são frutos de quem não tem muito mais o que fazer, ouça essa: a época atual – sobretudo vocês, do Brasil, mas também a velha Europa – se gaba por encher estádios para jogos de futebol; pois então saiba, meu caro, que, na União Soviética, nós lotávamos estádios para ouvir poesias – sim, para ouvir poemas e recitá-los: chegávamos ao êxtase coletivo não com gols, mas com versos e estrofes de Púchkin e Maiakóvski, veja só! Como é que eu vou esquecer que, em outubro de 67, no 50º aniversário da Revolução, mais de 70 mil pessoas reunidas no Estádio Central Lênin reverberaram versos de Maiakóvski – versos que os marinheiros recitavam enquanto, de seus encouraçados, eles investiam contra o palácio de inverno do tsar, em São Petersburgo, durante a Revolução: "Come ananás, mastiga perdiz. / Teu dia está prestes, burguês". Naquele momento, meu caro, nós acreditamos que a beleza salvaria o mundo. Sim, nós acreditamos, nós acreditávamos! Vamos, me chame hoje de ingênuo e de idiota, mas nós tínhamos algo – um sentido tangível – para além de contas bancárias e redes de *fast food.* E o que vocês têm hoje, meu caro? Vamos, me diga: o que vocês têm?!

O Soviet Lifestyle Museum e a lembrança das palavras de Vitali me fazem aterrissar, sem mais, no filme *Adeus, Lênin!*, dirigido pelo alemão Wolfgang Becker. Ao fim da narrativa, Alex, filho bastante amoroso da dedicada comunista Christiane, precisa enterrar a mãe cardiopata que não conseguiu sobreviver ao colapso do bloco socialista. O enterro de Christiane, no entanto, não relegará a utopia a sete palmos do chão. Alex procura, ainda uma vez, o afago da memória. Na extinta Alemanha Oriental, as crianças, como se fossem cosmonautas, lançavam seus foguetes lúdicos com a esperança de que o socialismo fosse o pioneiro na exploração do espaço. Christiane pede a Alex que suas cinzas sejam lançadas aos céus a bordo de um foguete cosmonauta – o Vostok 1 de Iúri Gagárin. Quiçá para distanciá-la de um mundo em que a utopia se transformara em estilhaço da memória. Adeus, Lênin.

Quiçá para se confundir com as estrelas, cujo firmamento distante a humanidade tentou redesenhar com o socialismo.

Ao fim e ao cabo, a viagem cosmonáutica pelos escombros da memória e da utopia me faz entender uma colocação sumamente espirituosa e contraditória, nostálgica e (por que não?) lírica de Vladímir Putin, quando o ex-agente do KGB assim sentenciou a jornalistas russos em meados de 2010: "Aquele que quer restaurar a União Soviética não tem cérebro, mas quem não lamenta o seu fim não tem coração".

A BORDO DO TREM QUE VAI DE KAZAN A SARANSK

Confesso que sobrevivi: Tolstói, suicídio e redenção

Entre Kazan e Saransk, 26 de junho de 2018

A 10 km do centro de Kazan (se tanto), chego ao Templo de Todas as Religiões: trata-se de um complexo (passando por múltiplas reformas) que contém duas igrejas – uma ortodoxa, outra católica –, uma mesquita, uma sinagoga e um centro animista que retoma práticas religiosas antiquíssimas em meio aos tártaros.

As cruzes católicas e ortodoxas, a estrela de Davi e a lua islâmica coexistem sobre bulbos e tetos policromáticos, como se cada uma dessas tradições não quisesse tomar para si a primazia do céu.

Súbito, deparo com um velho careca e de barba desgrenhada vestindo uma túnica preta e puída que lhe chega aos calcanhares. Seus olhos bem azuis e estreitos como frestas só não se mostram mais vivazes que seus punhos em riste: o velho fala com ímpeto e vigor – ao redor do pregador grisalho, dezenas de pessoas o ouvem com um silêncio extático de árvores perfiladas em um bosque.

Com a mão direita, sobre cujo dorso despontam nódoas marrons e veias intumescidas, o velho só faz brandir uma pequena obra autobiográfica do escritor russo Liev Tolstói: *Uma confissão.* Como se trata de um livro de minha inteira predileção, aprumo os ouvidos para escutar a pregação do velho, que se posta de maneira equidistante em relação a todos e a cada um dos centros religiosos.

– Assim falou Liev Nikoláievitch Tolstói: "O que vai ser daquilo que faço hoje e daquilo que vou fazer amanhã – o que vai ser de toda a minha vida? Para que devo viver, para que fazer algo? Existe, em minha vida, algum sentido que não seria aniquilado pela morte inevitável?"[1]

Tais perguntas existencialmente inescapáveis estão no coração de *Uma confissão*. (O velho pregador agita a obra em direção a seus ouvintes com entusiasmo.)

– Acossado pelo espectro do suicídio, o consagrado autor de *Guerra e paz* e *Anna Kariênina* reconfigura o dilema de Hamlet: se quem muito pensa sobre a vida cedo ou tarde depara com a morte, *ser e não ser*, para Liev Nikoláievitch Tolstói, não podem transformar as respostas em lápides.

– Aristocrata riquíssimo, Liev Nikoláievitch Tolstói já fizera uma crítica radical à sua classe social, ao chamar a todos (e, sobretudo, a si mesmo) de parasitas que, apartados da busca pelo sentido da vida, só faziam chafurdar na luxúria que o privilégio da exploração alheia lhes permitia.

– Autor consagrado internacionalmente – a vida do conde-escritor era rastreada por jornalistas ávidos por indiscrições e escândalos (eis os avós dos atuais *paparazzi*) –, Liev Nikoláievitch Tolstói já fizera uma (auto)crítica radical aos escritores que, sempre envolvidos em querelas e escaramuças, só faziam jactar-se pelo apreço do público e, assim, desviavam-se das questões últimas da existência e reduziam a literatura a uma forma sofisticada de ludibrio.

– É assim que, em meio a uma torrente tão profunda quanto rara de autocrítica, abnegação e lucidez, as confissões de Liev Nikoláievitch Tolstói recorrem a um conto oriental para tentar desvelar o sentido da vida a ser ceifada pela morte.

---

1. Liev Tolstói, *Uma confissão*. Tradução de Rubens Figueiredo. São Paulo: Mundo Cristão, 2017, p. 44-45.

– Imaginemos um viajante que, enquanto cruza a estepe, se vê perseguido por um animal feroz. Para se salvar da fera, o viajante pula em um poço seco, ao fundo do qual há um dragão ávido para devorá-lo. Para evitar a morte certa, o viajante se agarra aos ramos de um arbusto silvestre que lograra crescer através das fissuras do poço. Ocorre que suas mãos começam a ceder, e o viajante sente que logo precisará se entregar para a morte, já que o animal feroz lhe barra a saída, e o dragão faminto lhe veda o abrigo ao fundo do poço. (Para este conto oriental, chegar ao fundo do poço é, de fato, uma noção para otimistas.)

– E eis que o viajante, ao olhar para os lados, vê um rato branco (o dia) e um rato preto (a noite) perambulando junto ao arbusto – o frágil galho que sustenta o viajante vai sendo roído pelos ratos do tempo.

– Ocorre que, em meio às folhas do arbusto, o viajante descobre uma gota de mel e passa a lambê-la com sofreguidão, como se a ilusão do prazer fugaz pudesse ludibriar a morte certa. É quando Liev Nikoláievitch Tolstói arremata o conto oriental: "Porque vejo com clareza o dragão, o mel já não me traz doçura. Vejo só uma coisa – o dragão inevitável e os ratos – e não consigo desviar meus olhos. E isso não é uma lenda, isso é a verdade, inquestionável e entendida por todos"[2].

– Mas eis que Liev Nikoláievitch Tolstói, inquieto e inquisitivo por excelência, nos envolve em um novo turbilhão de perguntas: ora, se a consciência da morte (ou, pior, a consciência para a morte) aniquila o sentido racional da vida; se, como quer o sumo pessimismo do filósofo alemão Arthur Schopenhauer, o nada anterior à existência teria sido preferível à vida, de modo que o retorno ao nada, com a morte, seria o único bem em meio a uma

---

2. Idem, pp. 39-40.

vida repleta de choro e ranger de dentes; se, em suma, o suicídio é a única ação racional para uma vida desprovida de qualquer sentido, como é que a humanidade, desde sempre acossada pelo espectro da morte, ainda não se aniquilou? Como é que os homens e mulheres, desde tempos imemoriais, vêm logrando viver sem se suicidar?

– É quando Liev Nikoláievitch Tolstói, alçando-se para além do inferno suicida, descobre o caráter quintessencial – a bem dizer, ontológico – da fé. A fé, Liev Nikoláievitch Tolstói nos confessa, "não é apenas o 'desvelamento de coisas invisíveis', não é só a relação do homem com Deus – a fé é o sentido da vida humana, graças ao qual o homem não se destrói e vive. Se o homem vive, ele acredita em alguma coisa. Se não acreditasse que é preciso viver para alguma coisa, ele não viveria"[3]. Para Liev Nikoláievitch Tolstói, a fé não move montanhas – a fé nos faz escalá-las. A fé no sentido para além da morte, a fé em que a morte é uma transição, a fé na eternidade.

– Ora, como Schopenhauer não se matou, Liev Nikoláievitch Tolstói bem poderia dizer que a publicação de *O mundo como vontade e representação*, obra magna do filósofo alemão, foi um ato de fé. Para além da floresta negra de seu pessimismo, Schopenhauer afirmou a vida com o ímpeto que o fez erigir sua obra. Assim, as confissões de Liev Nikoláievitch Tolstói insinuam que Schopenhauer não poderia sentenciar que não teve filhos e que não transmitiu a nenhuma criatura o legado de nossa miséria[4].

---

3. Idem, pp. 79-80.

4. Parte significativa deste escrito compôs o meu texto "A vida como profissão de fé para o mestre russo", publicado em 08/07/17 no caderno literário "Aliás", do jornal *O Estado de S. Paulo*.

Catedral ortodoxa de Saransk guarnecida por um patriarca da Igreja russa

SARANSK – KM 1164

(A SUDESTE DE MOSCOU; AO SUL DE NÍJNI NOVGOROD; A SUDOESTE DE KAZAN)

Eu sou eu e minha circunstância: Os animais sociais de Fiódor Dostoiévski e Mikhail Bakhtin

Saransk, 27 de junho de 2018

A aproximadamente 650 km a leste de Moscou, a cidade de Saransk, capital da República da Mordóvia, abrigou o teórico da literatura e filósofo da linguagem russo Mikhail Bakhtin durante o longo e intermitente exílio a que o autor foi submetido pelas autoridades soviéticas entre as décadas de 1930 e 60.

Em 1929, Bakhtin publica a primeira versão de *Problemas da poética de Dostoiévski*, obra que pode ser lida como uma crítica tão velada quanto radical à ditadura soviética capitaneada por Stálin.

Bakhtin considera que a obra de Fiódor Dostoiévski logrou desvelar a condição ontologicamente dialógica dos homens e mulheres, na medida em que as personagens despontam como vozes que forjam sua subjetividade em estreita articulação com a voz (a pergunta e a dúvida, a hesitação, a réplica e a tréplica) do outro. Segundo Bakhtin, o universo de Dostoiévski não está povoado de personagens cujos conjuntos de valores e tensões se insulam em si mesmos, como se Ródion Románovitch Raskólnikov, (anti-)herói do romance *Crime e castigo*, estruturasse sua subjetividade como um castelo fortemente resguardado em relação à alteridade e às crises que o transpassam. Nada seria mais estranho a Dostoiévski (e a Bakhtin) do que o seguinte aforismo do filósofo austríaco Ludwig Wittgenstein: "Os limites da minha língua são os limites do meu mundo"[1].

Nesse sentido, antes de aterrissarmos na obra de Dostoiévski, vale a pena fazermos três breves digressões, em diálogo com os alemães Karl Marx e Werner Herzog e com o português José Saramago, para melhor compreendermos os pressupostos da condição dialógica dos homens e mulheres. A partir, então, da recente greve dos caminhoneiros ocorrida no Brasil, falemos sobre o que vem a ser a ontologia do ser social.

No primeiro volume de *O capital*, Marx cita um velho provérbio alemão –*Mitgefangen, mitgehangen* (Presos juntos, juntos enforcados) – para falar que, em meio à moderna sociedade capitalista de produção de mercadorias, a profunda e coercitiva divisão do trabalho nos faz conviver segundo a lógica da "dependência coisificada universal"[2]. Quando um setor vital e radicalmente capilarizado da divisão social do trabalho – em nosso caso, a circulação mercantil por meio de caminhões – estanca suas atividades, todos aqueles e aquelas que se veem como indivíduos autossuficientes (como castelos resguardados de sua própria vontade e representação) aprendem que, em sua impotência para dar sequência à reprodução do cotidiano, a individualidade só existe relacionalmente, isto é, vinculada aos demais nós da rede que nos entrelaça. *Mitgefangen, mitgehangen* (Presos juntos, juntos enforcados).

---

1. Ludwig Wittgenstein, *Tractatus logico-philosophicus*. Tradução de José Arthur Giannotti. São Paulo: Companhia Editora Nacional, 1968, p. 111.

2. Karl Marx, *O capital*. Tradução de Flávio Kothe. São Paulo: Nova Cultural, 1998, p. 95.

No *Ensaio sobre a cegueira*, o ateu José Saramago[3] lança mão de um elemento sobrenatural (a cegueira branca) para escarafunchar a dinâmica mais recôndita da realidade: eis o paradoxo estético que faz com que a realidade, escavada pela ficção, seja mais real, tangível e cognoscível. Quando a cegueira branca despenca como um raio em céu azul, os ramos da divisão social do trabalho, um a um, vão entrando em colapso. A sociedade, mais uma vez, se impõe em relação à suposta e radicalmente ideológica (no sentido de falseamento da realidade) independência do indivíduo. Cegos juntos, juntos enforcados.

No filme *O enigma de Kaspar Hauser*, direção de Werner Herzog, Kaspar é o filho bastardo de um nobre que, para evitar o escândalo cortesão, enclausura o filho em uma torre e priva-lhe da possibilidade de socialização. O pai apenas visita o filho para lhe dar comida. Os anos vão passando, e o pai de Kaspar, um belo dia, tem a ideia de ensinar o filho a escrever. Como todas as mediações lógico-sociais faltam às vivências de Kaspar, o rapaz mal sabe o que é postar-se de pé e articular palavras – que dirá, então, idealizar conceitos para exprimi-los concretamente sobre o papel. Simbolicamente, o pai ordena que o filho escreva o verbo *schreiben* (escrever). Como a metalinguagem pressupõe a vivência social da lógica linguística anterior à palavra escrita e para além do âmbito propriamente gráfico, Kaspar mal consegue deslizar o lápis sobre o papel e, como um papagaio, só faz remedar o verbo-ação que o pai tenta inculcar no filho: *sch-rei-ben*. Como seria possível, então, afirmar a individualidade como algo alheio à ontologia do ser social? Bastardos juntos, juntos enforcados.

---

3. José Saramago, *Ensaio sobre a cegueira*. São Paulo: Companhia das Letras, 1995.

Os limites da minha língua (e da minha subjetividade) são os limites do meu mundo, como teria dito Ludwig Wittgenstein? Nada seria mais estranho a Dostoiévski (e a Bakhtin) do que tal aforismo. Pensemos, nesse sentido, sobre as profundas agonias morais por que passa o jovem Raskólnikov, o (anti-)herói do romance *Crime e castigo*.

Antena da raça (e de sua época), Raskólnikov apreende a potencial morte histórica de Deus em meio ao século XIX da Revolução Industrial e do cientista inglês Charles Darwin. Assim, para ser coerente com o novo culto niilista, o jovem intelectualmente intrépido resolve fazer um experimento para descobrir se está à altura do relativismo ético de sua época. Raskólnikov quer matar o *Não matarás*.

Raskólnikov, então, decide assassinar Alióna Ivánovna, a usurária cuja existência sem sentido só faz explorar a tudo e a todos. Um homem extraordinário como Napoleão Bonaparte – assim raciocina Raskólnikov –, aquele para quem tudo é permitido, sequer hesitaria diante de um piolho como Alióna Ivánovna.

Eis que Raskólnikov, munido de um machado, rasga a cabeça de Alióna Ivánovna – e da irmã da velha usurária que, coincidente e inusitadamente, aparece no local do crime. Estamos, neste momento, precisamente no fim da primeira parte de *Crime e castigo*. Todo o desdobramento posterior do romance gira em torno das agonias que Raskólnikov passa a sentir diante do duplo homicídio – o castigo em face do crime.

Agora, se tivéssemos que refletir sobre as agruras de Raskólnikov em termos de sua (re)configuração subjetiva e dialógica, como o faríamos? Vejamos: sempre houve crimes na história da humanidade, então Raskólnikov não acaba de inventar a roda, isto é, há jurisprudência narrativa para o duplo homicídio, de tal maneira que a crise, nesse sentido, não irrompe como uma completa impossibilidade de significação/intelecção para os crimes.

Ocorre que, para Raskólnikov - ou, melhor, para a época niilista de Raskólnikov -, não se trata apenas de um mero crime, mas de um teste relativista - a morte do *Não matarás.* Com o sangue aspergido por seu machado, Raskólnikov se imagina o fundador de uma nova era, isto é, já não podemos prever os desdobramentos narrativos para uma ação que pretende ressignificar o ato mesmo que profana a lei e os profetas. Por esse prisma, a crise de Raskólnikov após o duplo homicídio pode ser entendida como a colisão de várias tensões, para além de sua própria subjetividade, que não conseguem enformar uma nova narrativa para reconciliar o jovem com seu novo eu. Após o duplo homicídio, Raskólnikov se tornou, dialogicamente, um outro para si mesmo.

Ora, uma coisa é conceber um assassinato; outra, realizá-lo. Os homens e mulheres reais, seres de carne e osso que dialogam e que vão se forjando social e historicamente, vivem os tabus e interditos erigidos pelas sociedades. Infringir tais tabus e interditos, em termos de configuração identitária, significa proceder a uma completa reviravolta narrativa e dialógica para a compreensão de si mesmo. É assim que, após o duplo homicídio, Raskólnikov se torna um outro para si mesmo.

Se o indivíduo abrisse a janela do (suposto) castelo resguardado de seu eu, ele ouviria os gritos de dor e desespero de Raskólnikov por já não entrever um princípio de contiguidade e continuidade entre seu eu anterior e seu eu assassino - não à toa, a maestria de Dostoiévski dá vazão a fluxos e influxos de consciência lancinantes que quebram a linguagem e fazem com que os leitores (e o próprio Raskólnikov) já não saibamos quem está enunciando a crise (se o narrador em terceira pessoa, se o próprio torpor de Raskólnikov). Ademais, Raskólnikov é um jovem inteligente, vaidoso e cioso de sua valentia. A crise por causa do fardo de ter aspergido sangue alheio também se vê transpassada pela vergonha de não suportar o fardo de ter aspergido sangue de outrem. [Raskólnikov, então, não estaria à altura de Napoleão, o jovem não seria um ser extraordinário, para quem tudo é permitido, mas um ser ordinário vivendo sob a tutela (arbitrária) da lei e dos profetas mesmo após a potencial morte de Deus.]

O mergulho radical no cosmos de Dostoiévski fez com que Bakhtin desdobrasse a condição dialógica dos homens e mulheres de modo a entrever (e a entreouvir) o mundo como um concerto polifônico, em meio ao qual as múltiplas vozes, sem poder definir as demais a partir de si mesmas, pressuporiam a convivência democrática para a expressão de suas mais variadas perspectivas; sendo radicalmente transpassado pelo outro em sua condição, o eu, conforme Bakhtin procura demonstrar, deveria ser visto como o eu-outro – a bem dizer, *nós*.

Qualquer tentativa de definir o (e de ditar os rumos do) eu-outro a partir de perspectivas que lhe são radicalmente exteriores e heterônomas só faria estancar e silenciar a dialogia que, para Bakhtin, nos é constitutiva. A condição radicalmente antípoda à dialogia ontológica do eu-outro que, em termos globais, dá vazão a concertos polifônicos é a ditadura encarniçada. Os censores soviéticos de Bakhtin bem entreviram que *Problemas da poética de Dostoiévski* pressupunha outro tipo de sociedade – a democracia polifônica para além do stalinismo – para que a verdadeira dialogia humana pudesse ser vivenciada em suas mais diversas implicações e ramificações.

Não à toa, a 2ª edição da obra de Bakhtin sobre Dostoiévski só sairia em 1963, dez anos após a morte de Stálin, quando a URSS, então sob o governo do premiê Nikita Khruschov, procedia a autocríticas e à tentativa de degelo das estruturas estatais totalitárias.

Para além do contexto stalinista que condenou Mikhail Bakhtin ao exílio, é possível dizer que as premissas ontológico-políticas de *Problemas da poética de Dostoiévski* ainda possuem profunda atualidade. Os inimigos da democracia, agora sob o capitalismo, parecem cada vez mais disseminados. Para todos aqueles e aquelas que se aferram, contra sua própria condição dialógica e plural, a determinadas formas identitárias, noções como horizontalidade e diversidade – diversidade ideológica e social, diversidade étnica e religiosa, diversidade de gênero e de orientação sexual – parecem blasfêmias em face da tradição hierárquica, monológica e ossificada de sociedades como a russa e a brasileira.

Como o diálogo bakhtiniano com Dostoiévski nos pôde demonstrar, a (re)configuração da subjetividade pressupõe não apenas o diálogo com o outro, cuja presença nos tranpassa (como animais sociais que somos), mas também a dimensão de que a vida e suas inúmeras contingências se apresentam para o eu, em enorme medida, como um quarto escuro em que se vai tateando sem que seja possível saber, ao certo, aonde (e como) se vai chegar. Quando se aferram a visões de mundo e a padrões de identidade e comportamento estritos, as tendências antidialógicas e autoritárias pretendem tornar estanque e arquetípica a subjetividade que, ao longo da vida, é muito mais plástica e amorfa do que muitas doutrinas e liturgias, à esquerda e à direita, gostariam de admitir. Assim, é como se os espectros de Dostoiévski e Bakhtin rondassem o imaginário de José Ortega y Gasset, quando o filósofo espanhol define, de forma indefinida e indefinível, o processo de constituição de nossa subjetividade dialógica: "Eu sou eu e minha circunstância"[4].

---

4. José Ortega y Gasset, *Meditaciones del Quijote*. Madrid: Ediciones Cátedra, 1984, p. 69.

Almas mortas: saudade

Saransk, 28 de junho de 2018

Com pouco mais de 300 mil habitantes, Saransk é uma pequena cidade – não tão pequena quanto a Quintana de meus ancestrais, no interior de São Paulo, com seus 5 mil habitantes (se tanto) –, cujo centro consigo perfazer a pé.

Entre a catedral azulada e de bulbos dourados e o hotelzinho onde estou hospedado, vejo alguns casebres à beira do rio com um estilo que só se encontra na Rússia – e, devo dizer, na Rússia profunda.

Imagine um tronco cortado ao meio, só que longitudinalmente.

Imagine, agora, uma sucessão justaposta de tais metades de troncos, uma sobre a outra, como se baguetes abertas estivessem sendo perfiladas. Eis a fachada dos casebres menos altos do que compridos.

Aqui em Saransk, a superfície dos troncos foi polida, o que lhes confere uma impressão menos rústica. Em meados do ano passado, quando estive na longínqua Sibéria – em Ulan-Ude, capital da República da Buriátia, ou, então, ao longo da linha férrea do Grande Expresso Transiberiano, nas imediações do lago Baikal –, vi casebres cujos troncos cascudos e cheios de farpas pareciam recém-extraídos da taiga, ainda que se tratasse de moradias imemoriais.

Ouço o sino da catedral (ou imagino ouvi-lo) e me vem à memória uma passagem do romance *Almas mortas*, do russo Nikolai Gógol, em meio à qual a experiência do viajante nômade (fiel como os pássaros migratórios) se funde à tentativa de compilar os retalhos bucólicos (da toalha de mesa costurada pela avó?) de uma Rússia profunda em direção a cujo passado a visão dos casebres me levou.

Eis o que a nostalgia gogoliana nos narra:

> Assim que a cidade ficou para trás, logo se desenharam, de ambos os lados da estrada, as bagatelas a que estamos [a que estávamos, Gógol...] acostumados: morrinhos, bosques de abetos, arbustos baixotes de pinheiros jovens e raquíticos, troncos queimados de pinheiros velhos, matagal bravo e outros disparates semelhantes. Apareceram vilarejos que se estendiam como cadarços, construídos como se fossem antigos montes de lenha, cobertos por telhados cinzentos, abaixo dos quais havia ornatos de madeira entalhados nos beirais, que acabavam parecendo toalhas bordadas pendentes. Alguns mujiques, como de hábito, bocejavam, sentados em bancos diante dos portões, em seus casacos de pele de carneiro. Camponesas, de cara gorda e peitos enfaixados, olhavam pelas janelas do primeiro andar; nas janelas da parte de baixo, um bezerro espiava ou um porco punha para fora seu focinho cego[1].

À diferença de um Fiódor Dostoiévski, cujas obras são vistas pela fortuna crítica como um paisagismo dos estados convulsos e escatológicos da alma, Nikolai Gógol verte suas almas mortas para o caráter vivaz e telúrico da Rússia profunda, trazendo à tona um mosaico folclórico de que os leitores citadinos à época do capitalismo nascente (primeira metade do século XIX) começavam a se apartar. Um espectro de nostalgia bucólica ronda o romance de Gógol, bucolismo que a Rússia tende a comunicar ao Brasil, já

---

1. Nikolai Gógol, *Almas mortas*. Tradução de Rubens Figueiredo. São Paulo: Editora 34, 2018, p. 406.

que, guardadas as diferenças, ambos os países periféricos passaram por processos de modernização, êxodo rural e urbanização tardios em comparação com as nações centrais do capitalismo. É assim que Nikolai Gógol e suas *Almas mortas* parecem ter dado à luz toda a nostalgia do chilreio dos pássaros, do galo da aurora e dos pés descalços sobre o orvalho matutino; do moedor de café acoplado à mesa de madeira rústica e da saudação com o chapéu de palha ao camponês que volta da lavoura ("Taaarrrde!"); do coador de pano para o café (muitas vezes, uma meia velha) e das cinzas ainda fumegantes do fogão à lenha; do doce de abóbora com cravo da bisavó e dos acordes dos grilos quando o escuro começa a despencar; do bule de café chiando e do leite quente cheio de nata na caneca de alumínio retorcido do bisavô; da bênção e do beijo de boa noite da avó antes que o sono venha sobre o travesseiro de pena de ganso (ou seria de galinha?).

A nostalgia bucólica de *Almas mortas* alcança o estatuto de uma ontologia do tempo perdido. A ourivesaria do detalhe, em Gógol, tenta estancar o fluxo irredimível do tempo com o mosaico (e o afago) da memória, o canto fúnebre de uma Rússia que, enquanto agoniza, ainda entoa a paisagem (e a aragem) de seu passado.

Agora pela manhã, aqui em Saransk, volto a ouvir as badaladas do sino da catedral (ou imagino ouvi-las).

Tomado, subitamente, pela noção (dostoievskiana) de que a beleza salvará o mundo, me ocorre que a pergunta "Por quem os sinos dobram?" só pode ser feita por alguém que se vê cindido da experiência mesma de despertar, singelamente, com a aurora dos sinos.

A impossibilidade de transmitir em sua totalidade a aura dessa experiência me levou, sem mais, à epifania que o alemão Martin

Heidegger chamou de "acontecimento" – a meu ver, um dos mais belos acordes poéticos da filosofia.

Tudo aquilo que acontece como epifania; tudo aquilo que irrompe com a beleza dos olhos marejados; tudo aquilo que cicatriza com o ímpeto da reconciliação; todo encontro que se consuma com a esperança da comunhão – acontecimentos assim (res)guardam sua aura na vivência mesma, de modo que qualquer relato (qualquer soslaio narrativo) que tente se acercar do momento necessariamente o faz sem carregar consigo o eriçamento ontológico que o badalar dos sinos provoca em quem o ouve *aqui e agora*.

Em uma época que relega Deus ao exílio – refiro-me à busca verdadeira e profunda por sentido e transcendência, e não aos vendilhões do templo à frente de seus megaempreendimentos religiosos –, a noção heideggeriana de "acontecimento" irrompe com a essência de tudo aquilo que é místico, indômito e radicalmente subjetivo.

Por quem os sinos dobram, então? Por aquele que sente o afago de suas badaladas. [Me ocorre, *aqui e agora*, que o Príncipe Míchkin, herói do romance *O idiota* e fusão dostoievskiana de Jesus Cristo e Dom Quixote, só pode ter sentenciado que a beleza salvará o mundo em meio à aurora do verão russo que vai banhando os bulbos sinuosos das catedrais ortodoxas com luz e sentido[2].]

---

2. Parte deste escrito compôs o meu texto "A nostalgia bucólica de Gógol na aurora do moderno", publicado em 07/07/18 no caderno literário "Aliás", do jornal *O Estado de S. Paulo*.

A BORDO DO TREM QUE VAI DE SARANSK A SAMARA

Do Gulag siberiano ao iPhone, o arame farpado passa a cercear a imaginação

Entre Saransk e Samara, 29 de junho de 2018

Só os dogmáticos não veriam a reversão da utopia em distopia e da revolução em Estado policial e escravidão após a leitura de *Arquipélago Gulag*, obra-prima do escritor russo Alexander Soljenítsin, premiado com o Nobel de Literatura em 1970.

A sigla Gulag refere-se à Administração Geral dos Campos de Trabalho Correcional e Colônias, um eufemismo para a criminalidade estatal que, durante o auge da repressão sob o punho de Ióssif Stálin, sequestrou e prendeu, assassinou, deportou e escravizou milhões de inocentes na União Soviética. O arquipélago Gulag, nesse sentido, diz respeito a um verdadeiro sistema de articulação entre múltiplos campos de trabalhos forçados espraiados pela Sibéria e órgãos de espionagem e repressão – na sociedade soviética acossada pelo stalinismo, as arbitrariedades se capilarizavam da onipresença da polícia política até as delações cotidianas feitas por vizinhos e professores, amantes e amigos.

Os sobreviventes cujas cartas municiaram a obra de Soljenítsin relatam que os carrascos siberianos coagiam os prisioneiros a trabalhar a -40°C. Quando o General Inverno fustigava os condenados a -45°C, a compaixão dos verdugos suspendia os trabalhos em prol do respeito aos direitos humanos. Não à toa, Soljenítsin sentencia que, em meio à pátria do Gulag, "quem diz lei diz crime"[1].

É assim que, para a repressão stalinista, tudo o que é sagrado é profanado. Eis o que Soljenítsin nos revela sobre o niilismo soviético:

> Nada existe de sagrado na busca do domicílio! Quando prenderam o maquinista ferroviário Vitkónski, encontrava-se no quarto uma criança que acabara de morrer. Os "juristas" não se furtaram a revistar o corpo da criança. Eles dão safanões nos doentes de cama e tiram as ligaduras que lhes cobrem as feridas. (...) Um encanador desligava o rádio do seu quarto sempre que transmitiam intermináveis cartas a Stálin. Um vizinho denunciou-o (onde estará agora esse vizinho?) como elemento socialmente perigoso: oito anos de prisão. (...) As prisões políticas no nosso país singularizaram-se pelo fato de serem detidas pessoas em nada culpadas e, por isso mesmo, despreparadas para oferecer resistência[2].

Se quisermos refletir, sem dogmatismo, sobre as tragédias históricas – ou, pior, sobre a história como tragédia – que deportaram a utopia da sociedade soviética, deveremos nos lembrar de uma admoestação de Soljenítsin: "Aquele que recorda o passado perde um olho! E, no entanto, o provérbio acrescenta: aquele que o esquece perde os dois!"[3] Sendo assim, como esquecer que a pujança do capitalismo ocidental se assentou, historicamente, sobre o dorso da escravidão? Como esquecer que o ouro extraído com o sangue e o suor negros das Minas Gerais acabou financiando, com a mediação colonial de Portugal e Inglaterra, a eclosão da Revolução Industrial? (Aqueles que conhecem os descaminhos da

---

1. Alexander Soljenítsin, *Arquipélago Gulag*. Tradução de Antônio Pescada. Lisboa: Sextante Editora, 2017, p. 121.
2. Idem, p. 69.
3. Idem, p. 171.

história – ou, pior, a história como descaminho – não deixam de admirar a e de sentir calafrios diante da beleza de Ouro Preto, cidade elevada a patrimônio cultural da humanidade. Desde seu nome, Ouro Preto funde a beleza à culpa, o belo ao bélico.)

Ademais, os ataques atuais à democracia mundo afora, aliados ao radical desenvolvimento tecnológico, nos permitem pensar que os organismos de espionagem e repressão da finada União Soviética já se tornaram anacrônicos. Com a ubiquidade dos satélites, *drones* e algoritmos para rastrear conversas *online* e *offline*, o direito à privacidade transforma-se em um fóssil relegado a futuros arqueólogos. Nesse sentido, eis o que nos diz o historiador israelense Yuval Noah Harari, autor de *Homo Deus: Uma breve história do amanhã*, obra que pode ser interpretada como uma versão atualíssima do *Arquipélago Gulag*:

> Hoje, nos Estados Unidos, há mais gente lendo livros digitais do que impressos. Dispositivos como o *Kindle* são capazes de coletar dados de seus usuários enquanto eles estão lendo o livro. O seu *Kindle* pode monitorar quais partes do livro você lê depressa ou devagar; em que página ou frase você abandonou a obra. Se o *Kindle* tiver um *upgrade* para reconhecimento facial e sensores biométricos, pode saber como cada frase influencia seu batimento cardíaco e sua pressão sanguínea. O que o faz rir, o que o deixa triste e o que lhe provoca raiva. Logo os livros estarão lendo você enquanto você os lê. E, considerando a possibilidade de você esquecer rapidamente a maior parte do que lê, o *Kindle* jamais esquecerá nada a seu respeito[4].

---

4. Yuval Noah Harari, *Homo Deus: Uma breve história do amanhã*. Tradução de Paulo Geiger. São Paulo: Companhia das Letras, 2016, p. 346.

Diante da colonização da mente para muito além da submissão do corpo, as instâncias atuais de poder nos fazem sentir a nostalgia do Gulag. Afinal, como resistiremos à dominação que transforma as sentinelas dos antigos campos de concentração em arame farpado ao redor de nossa imaginação?[5]

5. Este escrito compôs o meu texto "Gulag, uma tragédia para não ser esquecida", publicado em 03/02/18 no caderno literário "Aliás", do jornal *O Estado de S. Paulo.*

Vitral em homenagem ao ditador soviético Ióssif Stálin (1878–1953) à entrada de seu bunker, em Samara

SAMARA – KM 1593

(A SUDESTE DE MOSCOU, NÍJNI
NOVGOROD E SARANSK;
AO SUL DE KAZAN)

Réquiem para Stalingrado: Matarás o próximo como a ti mesmo

Samara, 30 de junho de 2018

Acabei de acordar, suado e palpitante, como se o coração estivesse martelando o esterno: sonhei com Stalingrado, cidade para onde eu vou daqui a 2 dias; cidade-síntese para o *front* mais letal da história das guerras; cidade cuja batalha disputada rua a rua, ruína a ruína, soldado a soldado começou a reverter o curso da Segunda Guerra Mundial contra os piratas nazistas.

Stalingrado está toda asfixiada pelos caças e tanques – a mão-garrote enforca o pescoço das estradas, o coturno cheio de lama pisa sobre o graveto frágil da sobrevivência.

Todos os escombros do mundo – grandes e pequenos, irregulares e reiterados – se acumulam e se transformam em Stalingrado.

Escombros, sobretudo, fumegantes.

Não há trégua sequer entre a fumaça e as nuvens.

Escombros e corpos cubistas.

Fogo.

O magnetismo dúbio das labaredas: fogo vivaz, fogo letal; fogo que acalenta, fogo que carboniza.

Caminho a esmo entre as ruínas – as balas me matam uma, duas, três vezes.

E ali, no centro de uma pracinha, junto a um chafariz que resiste, junto às quase-estátuas de criancinhas petrificadas que dão as mãos ao redor de um crocodilo lúdico que antes cuspia água, ali eu entrevejo uma mão trêmula, uma mão em súplica: alguém sobrevive entre as ruínas.

Se urrar por socorro, o sobrevivente será executado sumariamente.

Se conseguir calar o desespero e a dor lancinante, o sobrevivente assistirá, segundo a segundo, ao próprio naufrágio.

Como a guerra nos quer répteis, rastejo até o sobrevivente, me esgueiro até seu corpo-túmulo.

Quando alcanço o braço quebradiço do sobrevivente – não mais que um graveto, um esqueleto ainda recoberto de pele –, me dou conta de que o soldado soviético, há pouco tempo, ainda brincava com soldadinhos de chumbo: um menino de olhos fundos e vazios como um poço.

Com a mão esquerda, ele puxa meu colarinho – "pelo amor de Deus!"

Com a mão direita, ele tenta estancar o umbigo hemorrágico – "pelo amor de Deus!"

(Em meio ao sonho, eu ainda consigo imaginar que, se o soldado soviético fosse uma meia, seria possível virá-lo do avesso; o umbigo sangrento, então, daria lugar ao cordão umbilical.)

– Pelo amor de Deus! – ele grita com mais força, ele grita com mais fúria (eu vejo, eu sinto, eu toco o resquício de vida sendo expelido pelo grito).

O menino cospe sangue – sua mão esquerda exige que eu me debruce para auscultar sua última súplica:

– Pega aquele revólver – ali, ali... Pelo amor de Deus, me mata agora, acaba com essa dor terrível: me mata já!

A misericórdia, em Stalingrado, embaralha as ruínas dos Dez Mandamentos, de Moisés, e do Sermão da Montanha, de Cristo.

Não matarás?

Amarás o próximo como a ti mesmo?

– Pega aquele revólver – ali, ali... Pelo amor de Deus, me mata agora, acaba com essa dor terrível: me mata já!

Matarás o próximo como a ti mesmo – eis a misericórdia em Stalingrado.

Faço menção de apontar o revólver para sua têmpora esquerda, mas o menino fardado leva a arma até o coração. (Ele quer ser explodido como o casebre que soterrou sua mãe.)

– Pelo amor de Deus, chega de dor, deixa a morte me salvar – me mata agora, por piedade, me mata logo!

Fecho os olhos (por covardia ou por culpa?), esboço um pedido de perdão, mas a mão viscosa de sangue e poeira me corta:

– Vamos, agora! Já!

Lições de filosofia da história segundo Stálin, Putin e Machado de Assis

Samara, 01 de julho de 2018

Para a União Soviética, não houve a Segunda Guerra Mundial, mas a Великая Отечественная Война (*Velikaia Otetchestvennaia Voiná*), a Grande Guerra Patriótica.

Em 1939, às vésperas da invasão nazista à Polônia, o III *Reich* e a URSS firmaram um pacto de não-agressão que recebeu o nome de seus mediadores e respectivos ministros das relações exteriores: Joachim von Ribbentrop e Viatcheslav Mikháilovitch Mólotov. Além de estabelecer um período de cinco anos de *pax atomica* entre a Alemanha nazista e a URSS, o pacto Ribbentrop-Mólotov acordou a cisão da Polônia entre as duas potências e selou o destino dos Países Bálticos – Lituânia, Letônia e Estônia – e da Finlândia. Ainda assim, dois anos após a assinatura do pacto, Hitler invadiria a União Soviética, no dia 22 de junho de 1941, e passaria a lutar nas frentes ocidental e oriental. [Quando da invasão nazista, o ditador soviético Ióssif Stálin manda reabrir as igrejas que a Revolução Russa de 1917 interditara para conquistar o coração do povo em favor da defesa sagrada da pátria. Daí o *pathos* e o apelo profundíssimos da expressão Grande Guerra Patriótica.]

Além de dar sobrevida ao fortalecimento militar soviético, o pacto de não-agressão entre o III *Reich* e a URSS fez com que a *Blitzkrieg* nazista se irradiasse, por providenciais dois anos, contra a Europa Ocidental e, sobretudo, contra a Inglaterra.

A ofensiva nazista contra a União Soviética ficou conhecida como Operação Barbarossa, em alusão a Frederico Barba-Ruiva, o imperador do Sacro Império Romano-Germânico que conseguiu impor sua autoridade sobre o papado e assegurou a influência alemã sobre a Europa Ocidental, fato que lhe trouxe a aura de precursor da unidade (e do espraiamento) do povo alemão.

Diante do desespero que tomava conta do povo e do governo soviéticos por causa da rápida metástase das tropas hitleristas pelo território da URSS, Stálin decide fazer um comunicado radiofônico encarecido que foi ao ar no dia 03 de julho de 1941. Eis aqui alguns trechos da fala de Stálin:

> A traiçoeira agressão militar da Alemanha hitlerista à nossa pátria, iniciada em 22 de junho, continua. Apesar da heroica resistência do Exército Vermelho; apesar de as melhores divisões e unidades de aviação inimigas já terem sido destruídas e já terem perecido nos campos de batalha, o inimigo avança em sua incursão, lançando ao *front* novas forças.
>
> As tropas hitleristas conseguiram tomar a Lituânia e uma parte significativa da Letônia, o oeste da Bielorrússia e parte do oeste da Ucrânia. A aviação fascista está ampliando as áreas de operação de seus bombardeiros, submetendo a seu fogo Murmansk, Orcha, Magiliou, Smolensk, Kiev, Odessa, Sevastopol. Nossa pátria está correndo um sério perigo.
>
> Como pôde nosso glorioso Exército Vermelho ter cedido às tropas fascistas tantas cidades e distritos nossos? Será que as tropas fascistas alemãs são realmente um exército invencível, como apregoa sem descanso a vaidosa propaganda fascista?
>
> É claro que não!
>
> A história ensina que não há e nunca houve exércitos invencíveis. O exército de Napoleão se reputava invencível, mas foi sucessivamente destruído por tropas russas, inglesas e alemãs.
>
> O exército alemão de Guilherme II, à época da Primeira Guerra imperialista, também se reputava invencível, mas foi várias vezes derrotado

pelas tropas russas e anglo-francesas, até ser finalmente destruído por ingleses e franceses.

Deve-se dizer hoje o mesmo sobre o exército fascista alemão de Hitler. Esse exército ainda não havia encontrado séria resistência no continente europeu; apenas em nosso território deparou com real oposição. E se, por conta dessa resistência, as melhores divisões do exército fascista alemão foram destruídas por nosso Exército Vermelho, significa que as tropas hitleristas também podem ser (e serão!) destruídas, assim como o foram os exércitos de Napoleão e de Guilherme II[1].

No dia 07 de novembro de 1941, por ocasião do 24º aniversário da Revolução Russa de 1917, Stálin pronuncia um discurso inflamado de sua tribuna à frente do Kremlin, no coração da Praça Vermelha. Eis alguns trechos de sua fala:

Devemos celebrar hoje, sob duras condições, o 24º aniversário da Grande Revolução Socialista de Outubro.

Os bandidos alemães colocaram nosso país em risco ao nos imporem a guerra com sua pérfida agressão.

Perdemos temporariamente algumas províncias, e o inimigo chegou às portas de Leningrado [São Petersburgo] e Moscou. Ele contava poder, logo ao primeiro golpe, debandar nosso exército e subjugar o país, mas se enganou profundamente.

Apesar dos reveses passageiros, nosso exército e nossa marinha estão repelindo heroicamente os ataques do inimigo ao longo de todo o *front*, causando-lhe grandes perdas, e o nosso país – todo o país – organizou-se num campo único para desbaratar, ao lado do exército e da marinha, os agressores alemães.

---

1. A tradução integral de tal discurso de Stálin, do russo para o português, foi feita por Erick Fishuk e pode ser encontrada na seguinte página: <*https://bit.ly/2DEYNt6*>.

Nosso país já esteve outrora numa situação ainda pior. Lembrem-se de que em 1918, quando celebrávamos o primeiro aniversário da Revolução de Outubro, três quartos do território se encontravam nas mãos dos invasores estrangeiros [durante a guerra civil que se seguiu à Revolução de 1917 e que durou até 1921]. A Ucrânia, o Cáucaso, a Ásia Central, os Urais, a Sibéria e o Extremo Oriente foram temporariamente tomados de nós. Não tínhamos aliados, não existia o Exército Vermelho – que mal havíamos começado a formar – e carecíamos de pão, armas e fardas. Catorze estados estrangeiros estavam saqueando nossa terra, mas não deixamos o desânimo nos tomar. Então, nas chamas da guerra, organizamos o Exército Vermelho e transformamos o país num grande acampamento militar. Inspirados pelo gênio do grande Lênin a combater os invasores, o que conseguimos? Nós os destroçamos, recuperamos todo o território perdido e alcançamos a vitória.

Hoje, a situação de nosso país é bem melhor do que há 23 anos. Multiplicamos enormemente nossa riqueza em indústrias, alimentos e matérias-primas, além de termos aliados com os quais sustentamos uma frente única contra os agressores alemães. Contamos ainda com a simpatia e o apoio de todos os povos da Europa caídos sob o jugo da tirania hitlerista, além de um exército e marinha magníficos que defendem de corpo e alma a liberdade e a independência da pátria. Também não sofremos grave carência de alimentos, armas ou fardas, e nossas reservas humanas são inesgotáveis.

Seria possível duvidar de que podemos e devemos derrotar os agressores alemães?

O inimigo não é tão poderoso como pretendem alguns intelectuais acovardados, nem é um demônio tão medonho como o pintam. Quem pode negar que mais de uma vez nosso Exército Vermelho fez fugir em pânico as celebradas tropas alemãs?

Considerando não a propaganda vaidosa difundida pela Alemanha, mas a real situação do país, será fácil perceber que esses agressores fascistas estão próximos da ruína.

O povo alemão, hoje faminto e empobrecido, perdeu quatro milhões e meio de soldados em quatro meses de guerra, esvaindo em sangue suas reservas humanas, e já está sendo tomado por um ânimo insurgente, tais como os povos da Europa submetidos ao jugo dos agressores alemães, por não ver a guerra terminar.

A agressão alemã está no limite das forças, e não há dúvida de que ela não pode ir muito além. Mais alguns meses, um semestre, ou talvez um ano, e a Alemanha hitlerista deverá ruir sob o peso dos próprios crimes

A previsão de Stálin se mostrou demasiado otimista – como se trata de um discurso a infundir ânimo em suas tropas, o líder soviético foi mais panfletário do que propriamente analítico. Seriam necessários mais 4 anos e 20 milhões de vidas russas para que a Grande Guerra Patriótica terminasse.

O preâmbulo histórico que acabamos de fazer nos leva agora à cidade de Samara, à beira do colossal rio Volga.

Bem mais próxima da fronteira do Cazaquistão, da qual dista pouco mais de 200 km, do que de Moscou, Samara teria se tornado a capital da União Soviética, caso Moscou tivesse caído nas garras dos piratas nazistas.

Samara fora escolhida como possível capital emergencial da URSS pelo fato de, à época, já ser um centro comercial de relativa importância e estar perto do Volga e de suas inúmeras rotas de navegação. Ademais, do subsolo de Samara jorram importantíssimas reservas de petróleo, o sangue negro da guerra.

A bem dizer, faltou muito pouco para que Moscou fosse dominada. As tropas hitleristas chegaram a se posicionar a menos de 2 horas da capital soviética.

Um episódio sumamente triste e trágico nos pode mostrar o que teria acontecido aos moscovitas se a cidade tivesse sucumbido aos invasores.

Na cidade de Tula, situada a pouco mais de duas horas ao sul de Moscou, desponta a belíssima propriedade de Iasnaia Poliana, onde viveu o escritor Liev Tolstói.

Consta que os nazistas chegaram a saquear Iasnaia Poliana e, quando encontraram o caixão de Tolstói, que fica disposto sobre a relva (como se o panteísmo do autor ainda estivesse contemplando a natureza), alguns soldados violaram o esquife e urinaram sobre os ossos de Tolstói.

Basta dizer que estava nos planos de Hitler transformar Moscou em uma grande represa.

Nesse sentido, o governo da URSS começou a transferir uma série de fábricas militares e civis, além do conjunto das embaixadas dos países com os quais mantinha relações diplomáticas, para Kuibichev, nome com o qual os soviéticos rebatizaram Samara, a partir de 1935, em homenagem ao revolucionário e comandante militar Valerian Kuibichev, que consolidou o poder bolchevique na cidade.

Kuibichev só voltou a ser chamada de Samara em 1991, após o colapso da URSS.

Ao longo da história russa, é recorrente a prática de batismos e rebatismos, revisões e revisionismos para tentar erradicar – ou, então, para apequenar sobremaneira – a importância dos inimigos políticos/antecessores no poder. Sendo assim, Stálin não agiu de maneira extemporânea ao erradicar a figura do revolucionário/fundador do Exército Vermelho Liev Trótski da memória soviética, da mesma maneira que o premiê soviético Nikita Khruschov, sucessor de Stálin, não se mostrou um dissidente herético ao denunciar os crimes do período stalinista e remover o corpo do antecessor do mesmo mausoléu em que a múmia de Lênin permanece até hoje, no coração da Praça Vermelha.

À rua Frunze, 167, Samara me leva ao *bunker* de Stálin.

Nove meses de gestação (de fevereiro a novembro de 1942) pariram o *bunker* de 37 metros de profundidade, com paredes sumamente espessas – 4 metros de concreto seguidos de 1 metro de areia e 1 metro de aço – para resistir a potenciais bombardeios nazistas.

Os trabalhadores que escavaram o *bunker* não sabiam o que estavam construindo. (Ultrassecreta, a entrada do *bunker* ficava sob o comitê local do Partido Comunista, para desautorizar, afugentar e/ou expurgar quaisquer curiosidades indevidas.) Por causa da escassez de maquinário civil durante a guerra, os operários tiveram que trabalhar com as mais rudimentares ferramentas – pás, enxadas e picaretas, quando não com as próprias mãos.

Apesar de Samara nunca ter sido bombardeada ou ocupada pelos alemães, 200 mil combatentes da cidade pereceram entre os 500 mil homens de Kuibichev que lutaram na Grande Guerra Patriótica.

As mulheres e crianças de Samara tiveram que trabalhar nas indústrias militares durante a guerra – sobretudo nas enormes plantas para a construção de aviões. (No auge de sua atividade fabril, Samara chegou a produzir 25 aviões por dia.)

Durante a guerra, as condições de trabalho eram atrozes e chegavam a remontar aos primórdios da Revolução Industrial, com níveis de higiene e segurança praticamente inexistentes. Os turnos não discerniam entre noite e dia. Como os combustíveis eram quase que monopolizados pela guerra, não havia gasolina e diesel para o transporte público. Assim, as operárias e os trabalhadores pré-mirins acabavam dormindo nas próprias fábricas, condição que hoje é tida como análoga à escravidão.

Consta que o compositor Dmítri Chostakovitch estava vivendo em Samara quando, no dia 27 de dezembro de 1941, dedicou sua tocante *Sinfonia n.º 7* aos heróis e heroínas de São Petersburgo (rebatizada como Leningrado, em 1924, após a morte de Lênin) que resistiam ao cerco nazista imposto à cidade. [O cerco a Leningrado durou 872 dias (de 08 de setembro de 1941 a 27 de janeiro de 1944) e ceifou, devido aos bombardeios, à inanição e às doenças, algo em torno de 1,5 milhão de vidas (em sua maioria, civis).]

Ninguém sabe ao certo se Stálin chegou a ocupar sua sala de trabalho no *bunker.* (Sua filha, Svetlana Alliluieva, viveu no abrigo subterrâneo durante o período de evacuação de Moscou.) Ainda assim, a sala austera, com sua mesa de madeira revestida por um tecido verde idêntico ao de uma mesa de bilhar, um telefone preto ao alcance da mão canhota e um sofá hoje revestido por um tecido branco – propício aos cochilos diários de 4 a 5 horas que Stálin tirava – estavam a postos. Sobre a sala pairam dois retratos dos militares que o ditador soviético mais admirava: à esquerda da mesa de Stálin, o Generalíssimo Alexander Vassílievitch Suvorov, um dos poucos generais na história a nunca perder uma batalha; à direita, o Marechal-de-campo Mikhail Ilariónovitch Golenischev-Kutúzov, herói da resistência à invasão da Rússia pelas tropas francesas comandadas por Napoleão, entre 1812 e 1814.

O dado pitoresco (e paranoico) da sala de trabalho de Stálin é que há seis portas de acesso – uma atrás da mesa de trabalho; duas na parede à esquerda, sob o retrato de Suvorov; duas na parede à direita, sob Kutúzov; e uma na parede que desemboca à frente da mesa de trabalho (a porta pela qual eu entrei). Assim, quaisquer pessoas (militares e/ou potenciais espiões contrarrevolucionários) que estivessem na sala à espera de Stálin jamais saberiam por que porta o ditador entraria. [Ora, em face do evangelho segundo talião – olho por olho, dente por dente –, o ditador que condenou à morte, expurgou e escravizou milhões de inocentes precisava julgar os outros por si mesmo; para Stálin, qualquer um, para amealhar seu trono, poderia (e deveria) agir como Stálin.]

À saída do *bunker*, deparo, inusitadamente, com o ex-soldado Valeri Borissovitch Korietski, de 70 anos, com quem começo a conversar. A barba branca, crespa e revolta de Korietski é encimada por um bigode algo ralo que destoa da pelaria vasta sob o queixo e ao largo do maxilar. A despeito de não ter feito carreira no Exército Vermelho – decisão de que Korietski diz se arrepender –, ele esteve em Praga, em 1968, quando os tanques soviéticos, sob as ordens do premiê Leonid Brejnev, invadiram as ruas da capital da então Tchecoslováquia para conter manifestações centrífugas em meio ao país que fazia parte da chamada Cortina de Ferro, a zona de influência (e domínio) da URSS durante a Guerra Fria.

Sumamente pitoresca é a colocação de Korietski sobre as barricadas inusitadas e etéreas que os jovens tchecos contrapuseram aos tanques soviéticos:

– Eles sabiam que jamais poderiam vencer o nosso poderio militar – contos da carochinha ficam para a Bíblia, é só lá que Davi consegue vencer Golias. Então, o que foi que os tchecos fizeram? Bom, à época não havia essa tecnologia de deslocamento via satélite, então nós ainda lançávamos mão de mapas cartográficos. A tomada dos postos-chave de Praga estava toda pré-determinada. Eu mesmo era auxiliar de tanquista e tomaria de assalto a rádio local. Ocorre que os estudantes tchecos, ao invés de lançarem coquetéis Mólotov contra os tanques, tiveram uma ideia que, ao fim, acabou nos dando muito mais trabalho: não é que, ardilosos como eles sós, os tchecos vão lá e trocam e embaralham os nomes de todas as ruas nas placas do centro de Praga? Nós ficamos rodando por lá, que nem baratas tontas, por não sei quanto tempo, enquanto os estudantes tiravam sarro da gente em suas barricadas sem fuzis ou pedras, sacos de areia ou mesas e estantes arriadas.

Quando faço menção de perguntar a Korietski o que ele acha da Rússia pós-soviética sob a batuta de Vladímir Putin, um rapaz imberbe, de queixo ligeiramente saliente e olhos bem azuis entra na conversa e pergunta se, com o meu bloco de notas à mão, eu estou fazendo algum tipo de reportagem. Eu lhe explico, então, que estudei a obra do escritor Fiódor Dostoiévski, que já morei no país e que venho viajando por uma série de cidades, entre as quais Samara, para compor o *Diário de um escritor na Rússia.*

Sem tirar a mão direita dubitativa de sob o queixo, Igor (chamemo-lo assim) reverte para mim a pergunta que eu ia fazer para Valeri Korietski:

IGOR: O que você acha da Rússia pós-soviética sob a batuta de Vladímir Putin?

EU: Bom, Igor... Bem... Acho que, com base nas posições recentes dos Estados Unidos e da Rússia, eu tendo a concordar com uma velha máxima do filósofo alemão Arthur Schopenhauer, para quem "uma nação zomba da outra – e ambas têm razão".

IGOR: Ah, então você gosta de ficar em cima do muro... Entendo... Você disse que é brasileiro, certo? Pois é... Então, meu caro, acontece que, na história real, na história que acontece para além dos gabinetes dos (supostos) pensadores, as potências disputam o poder – as potências, por sinal, disputam sempre mais (e mais) poder. Imagino que, com as inflexões do seu rosto – sobretudo com as suas sobrancelhas arqueadas agora –, você não esteja muito satisfeito com a política externa de Putin, acertei? (Meneio a cabeça verticalmente.) Pois é, na mosca. E você, como boa parte da comunidade internacional, deve estar furioso com a Rússia por causa da Crimeia, acertei de novo?

EU: *Bingo!* – como dizem os amigos norte-americanos da Rússia, Igor.

O russo dá uma risada amarga de canto de boca antes de prosseguir.

IGOR: É curioso: os EUA invadem o Afeganistão e o Iraque – ninguém fala nada. Agora, quando outra potência nuclear vem à tona reclamar seu quinhão no xadrez imperial e geopolítico, aí a grita não poderia ser maior. Que coisa, não?

EU: Igor, o fato de eu ser contrário à anexação da Crimeia pela Rússia não significa, de forma alguma, que eu concorde com as invasões do Afeganistão e do Iraque pelos Estados Unidos. Não me reduza a essa lógica estanque da Guerra Fria – não é por ela que eu tento orientar minhas ideias, não.

IGOR: Pois é, meu caro, os (supostos) intelectuais sempre pensam ter o benefício da distância olímpica e incólume. Desde que, é claro, seus gabinetes com ar condicionado não estejam sendo transpassados pelos assovios das ogivas. Ora, meu caro, venhamos e convenhamos: não é assim que a história real acontece. Vamos aos fatos: em 1954, Khruschov deu a Crimeia de presente para a Ucrânia, que, à época, era uma das repúblicas socialistas soviéticas. A Crimeia, vale frisar, pertencia, anteriormente, à República Socialista Soviética da Rússia. Agora veja: desde o colapso da URSS, os Estados Unidos vêm utilizando os países vassalos da Otan para apontar mísseis em direção à Rússia. Nossas fronteiras europeias estão todas cercadas – isso sem mencionar as fronteiras a leste e ao norte. Considerando-se, então, que (I) a Crimeia era nosso território; (II) a Ucrânia só adquiriu existência independente após o colapso da URSS; e (III) os EUA vêm nos cercando, a decisão da população da Crimeia de se juntar à Federação Russa – população que, em sua maioria, é composta por russos étnicos –, por meio do referendo realizado no início de 2014, me parece bastante acertada.

EU: Você sustenta essa posição mesmo sabendo que o processo para a realização do referendo se deu à revelia da temporalidade determinada pelos tratados internacionais?

IGOR: Ora, meu caro, mas o que você queria? Que nós esperássemos a mídia internacional, orquestrada pelos interesses dos EUA, fabricar um consenso contra o nosso direito territorial? Do ponto de vista estratégico, a decisão de Putin foi perfeita.

EU: E do ponto de vista ético?

IGOR: Como Putin chegou a mais de 85% de aprovação popular quando a Crimeia *voltou* a integrar o território da Federação Russa, creio que os russos demos o nosso recado.

EU: Quer dizer então que, segundo a *sua* lógica de avaliação da história, vale apenas a afirmação do próprio interesse, é isso?

IGOR: *Minha* lógica, meu caro? Desde quando essa lógica se resume apenas ao meu próprio argumento? Essa lógica vem presidindo a história desde que os hominídeos se aventuraram para além das cavernas.

EU: Sendo assim, Igor, os nazistas estavam certos quando invadiram a União Soviética, não é mesmo? Eles tinham uma lógica própria para fazê-lo, não tinham?

IGOR: Tinham, sim – e como tinham! Antes de Stalingrado, eles detinham a razão. Depois de Stalingrado – e com a ajuda da produção militar aqui de Samara –, a Grande Guerra Patriótica passou a marchar a nosso favor. Então, a razão se perfilou ao nosso lado.

EU: Quer dizer, então, que tudo não passa da lei do mais forte?

IGOR: Qual é a surpresa, meu caro? Você já tem idade suficiente para saber como a banda toca, não?

EU: Pensando e agindo dessa forma, você não autoriza os outros a pensar e a agir segundo a mesma bandeira que você está hasteando?

IGOR: Em abstrato, sim, meu caro – dentro do gabinete e da estufa das ideias abstratas, você tem razão. Segundo o imperativo categórico ético do velho Immanuel Kant – que, vale frisar, nasceu, viveu e morreu em Königsberg, cidade germânica que nós rebatizamos como Kaliningrado e que faz parte, até hoje, da Federação Russa –, cada um de nós precisa agir de modo que todos os demais tenham o mesmo direito de reproduzir a minha ação. Se eu minto, a mentira pode se alastrar como um vírus. Se eu mato, logo pode despencar sobre o mundo a guerra de todos contra todos. Ocorre, meu caro, que o raciocínio de Kant, filósofo que nunca saiu da pequenina Kaliningrado, padece de um problema histórico congênito: se a Alemanha e a Polônia quiserem reivindicar antigos nacos de território que hoje pertencem à Rússia, elas terão que se ver com nosso poderio nuclear. E aí, elas vão nos encarar? O mesmo raciocínio, é claro, vale para a anã Ucrânia. Em relação à Europa Ocidental, em termos gerais, vale a velha máxima de que a Europa é um gigante econômico e um anão (geo)político. Hoje em dia, nós, os russos, só devemos ficar atentos em relação a dois países: Estados Unidos e China. Todos os demais, por ora, são cartas fora do baralho – a não ser que a Rússia, os Estados Unidos e a China queiram tais cartas sob as próprias mangas.

EU: Não lhe parece uma tragédia que o preço da lógica cínica com que você analisa a história sejam 20 milhões de vidas russas ceifadas durante a Grande Guerra Patriótica?

IGOR: Ossos do ofício, meu caro, tristes ossos do ofício. Se Hitler tivesse vencido a guerra, os 20 milhões de mortos teriam arrastado atrás de si 200 milhões de escravos. A Rússia, hoje, seria o cemitério dos vivos.

EU: Tudo isso me remete a um aforismo de um escritor brasileiro que, a despeito de nunca ter saído da cidade do Rio de Janeiro, soube compreender muito bem as engrenagens que movem (e emperram) a história e as relações humanas.

IGOR: Que aforismo é esse? Quem é o autor?

EU: Assim falou Joaquim Maria Machado de Assis: "A vida é uma enorme loteria; os prêmios são poucos; os malogrados, inúmeros; e com os suspiros de uma geração é que se amassam as esperanças de outra".

IGOR: Interessante, muito interessante... Afiado como um punhal - ou, melhor, como uma baioneta! Esse Machado de Assis esteve nas fileiras do Exército Vermelho e conheceu o *front* oriental - o local de maior carnificina da história das guerras - sem nunca ter saído do Rio de Janeiro. Pois, se você quer saber, eu acho que o Putin já leu o Machado de Assis, meu caro.

EU: É mesmo? Por que você diz isso?

IGOR: Porque o Putin, aparentemente secundado pelo Machado de Assis, há pouco tempo disse o seguinte: "O Ocidente, suas instituições e sua mídia só vão respeitar a Rússia e seus interesses, integralmente, no dia em que nós, os russos, lhes entregarmos, em uma bandeja de ouro, todas e cada uma de nossas reservas petrolíferas, todas e cada uma de nossas reservas minerais, todos e cada um de nossos gasodutos, todas e cada uma de nossas ogivas nucleares e todas e cada uma de nossas belas mulheres. Nesse dia, e apenas nesse dia, nós, os russos, seremos aceitos no time seleto das nações pelas quais o Ocidente, civilizado como ele só, tem o mais encarecido respeito".

A BORDO DO TREM QUE VAI DE SAMARA A VOLGOGRADO (STALINGRADO)

Seria Lênin um precursor de Donald Trump?

Entre Samara e Volgogrado (Stalingrado),
02 de julho de 2018

Em meados de 1926, o jornal alemão *Frankfurter Zeitung* propôs ao escritor judeu de origem ucraniana Joseph Roth uma viagem à União Soviética. Narrados com lirismo e ímpeto crítico, os relatos de Roth compilados em *Viagem na Rússia* nos revelam que, em grande medida, "as tochas da revolução [de 1917]" já não estavam acesas. Para a construção do novo mundo, "agora se acendem os bons, ordeiros e bem comportados lampiões". Ainda assim, as impressões poéticas do escritor – embaladas pelo entusiasmo revolucionário de outrora – descobrem que "a locomotiva russa não apita, ela uiva como uma sirene de navio, ampla, animada e oceanicamente. Quando se vê a noite molhada e se ouve a locomotiva pela janela, é como à beira-mar"[1].

Para tentar estimular a economia soviética devastada por longos anos de guerra civil que contrapuseram as forças revolucionárias, à frente das quais marchava o Exército Vermelho, aos russos brancos, constituídos por um amálgama sumamente heterogêneo de partidários do tsar e defensores do governo constitucional instaurado em fevereiro de 1917, tropas inglesas e francesas,

1. Joseph Roth, *Viagem na Rússia*. Tradução de Simone Pereira Gonçalves. Belo Horizonte: Editora Âyiné, 2017, p. 47; p. 49.

tchecas e polonesas, estadunidenses e japonesas, o líder bolchevique Vladímir Lênin implementou, no início da década de 1920, a Новая Экономическая Политика [*Novaia Ekonomitcheskaia Politika* (NEP)], a Nova Política Econômica, que retomou elementos da economia de mercado, como a permissão para pequenas explorações agrícolas, industriais e comerciais à iniciativa privada, admitindo-se, inclusive, o aporte de investimentos estrangeiros. Lênin concebia a NEP como um recuo tático, algo como um passo atrás para dar dois passos à frente.

É assim que, em Moscou, Joseph Roth depara com um novo burguês russo, o qual,

> graças às condescendências da revolução, pode fazer negócios e sabe contornar suas restrições. Eis o "homem da NEP", expressão que tem um tom degradante no país todo e além das fronteiras. Ele não se deixa encantar por nenhuma concepção de mundo e difere claramente do velho burguês e do proletariado. Serão necessárias algumas décadas ainda para que tenha suas formas, tradições e mentiras convencionais apropriadas, se permanecer vivo[2].

Quando pensamos que, pouco depois da viagem de Roth pela Rússia, Ióssif Stálin amealha o poder, decreta o fim da NEP e dá início a um regime de perseguições, expurgos e assassinatos políticos que transformaria a URSS em um Estado totalitário, as previsões históricas do escritor se revelam radicalmente trágicas.

Ao singrar o rio Volga a bordo de um barco a vapor, Joseph Roth entrevê a persistência da luta de classes e da alienação social nas distinções e privilégios que o navio reserva a alguns passageiros afortunados e na ausência de consciência política dos garçons. Segundo o escritor, os funcionários já eram garçons "quando os vapores tinham nomes de grão-príncipes [à época do tsar. Agora

2. Idem, pp. 13-14.

que o navio tem o nome de um líder bolchevique], uma gorjeta provoca em seus rostos aquela expressão servil de respeito que faz esquecer toda a revolução"[3].

Às margens do Volga, Roth vê a desolação de casas calcinadas pela guerra civil. Com a memória da fome terrível que levou os russos à barbárie do canibalismo – data dessa época o chiste infame de que "comunistas comem criancinhas" –, o escritor nos revela que o desespero das pessoas as faziam "morder as próprias mãos até feri-las, para que então pudessem beber o próprio sangue"[4]. Quando nos lembramos de que, para Georges Clemenceau, primeiro ministro francês à época, era preciso delimitar um "cordão sanitário" para impedir o espraiamento da epidemia comunista, descobrimos entre os poderosos e bem alimentados membros da alta civilização ocidental os cúmplices da barbárie.

Vale frisar, por fim, outra apreensão de Joseph Roth que torna mais complexa e contraditória a divisão estanque do mundo entre capitalistas e socialistas pela então vindoura Guerra Fria. Segundo Roth, os soviéticos "desdenham a 'América', ou seja, o grande capitalismo sem alma, o país em que o ouro é Deus". No entanto, só se ouve pela URSS, sempre segundo o escritor, o mantra "tratores e civilização, máquinas, livros de ABC e rádio!" Ficamos sabendo, ademais, que, para a ideologia/propaganda revolucionária, "as grandes conquistas culturais da Europa e da Rússia, tais como a Antiguidade clássica e a poesia eslavófila, a Renascença e Dostoiévski, são burguesas e reacionárias".

3. Idem, p. 18.
4. Idem, p. 23.

Nesse sentido, o desejo pela perfeita tecnologia de produção aliado ao filisteísmo (anti-)intelectual estava levando a URSS a uma "adaptação *inconsciente* ao espírito americano"[5]. É como se, diante da tristeza pela descoberta de que a utopia estava cultivando o cidadão medíocre, o antidogmatismo de Joseph Roth entrevisse as afinidades eletivas entre Lênin e Donald Trump[6].

5. Idem, pp. 47-48.

6. Este escrito compôs o meu texto "Seria Lênin o verdadeiro precursor de Donald Trump?", publicado em 03/03/18 no caderno literário "Aliás", do jornal *O Estado de S. Paulo.*

Em frente ao Museu-Panorama da Batalha de Stalingrado, veem-se a Casa de Pávlov, grande símbolo da resistência do Exército Vermelho durante a Grande Guerra Patriótica (1941–1945), e uma réplica em tamanho original da histórica Fonte Barmaley

VOLGOGRADO (STALINGRADO) – KM 2356

(A SUDESTE DE MOSCOU; AO SUL
DE NÍJNI NOVGOROD E SARANSK;
A SUDOESTE DE KAZAN E SAMARA)

Se Moscou é o cérebro da União Soviética, Stalingrado é o coração da Pátria-Mãe (Parte I)

Volgogrado (Stalingrado), 03 de julho de 2018

Enquanto observo as estepes infindas que o trem rumo a Stalingrado vai singrando, me lembro de uma cena do filme *Stalingrado*, dirigido pelo alemão Joseph Vilsmaier.

Durante a Segunda Guerra Mundial e já em meio à invasão da União Soviética pelo III *Reich* através da Operação Barbarossa, que teve início no dia 22 de junho de 1941, soldados alemães a bordo de um trem que se dirige a Stalingrado observam as estepes por horas a fio. Eles veem, ao longe, alguns camponeses arando a terra e a fumaça malemolente sendo expelida pela chaminé de um casebre – todos imaginam que, ao fim da guerra (que, sem dúvida, será vencida pelos alemães), a soldadela receberá seu quinhão de terra para que o *Lebensraum* (Espaço Vital) possa colonizar e civilizar a Rússia até então entregue à barbárie, conforme a propaganda de Joseph Goebbels lhes ensinara.

A grama da estepe é rala e falha – ela oscila entre o verde, o amarelo e o marrom, sempre ao sabor das queimaduras que o sol inclemente (o verão russo cruza a barreira dos 40°C) e a neve lhe impõem; ao baixar a temperatura a -40°C, o General Inverno esgarça a amplitude térmica em 80 graus.

Quando imagino a suma beleza da estepe toda coberta de neve, um calafrio de desespero me transpassa: sem quaisquer barreiras para o avanço da cavalaria do vento, os -40°C podem descer a sensações térmicas intangíveis para qualquer ser vivo. (Suspeito que a ideia original para o zero absoluto – temperatura que estancaria o movimento das moléculas em -273,15°C – tenha vindo de algum rincão à beira do Volga ou, com boa dose de probabilidade, da mais recôndita estepe siberiana.)

Logo à frente da estação de trem de Stalingrado, deparo com uma réplica da histórica Fonte Barmaley, cujo lirismo despontava como uma barricada em meio às ruínas fumegantes da guerra – é como se a beleza pudesse cicatrizar o mundo.

Inspirada no poema "Barmaley", que fora escrito, em 1925, por Kornei Chukovski, um dos mais populares compositores de poesias infantis da Rússia, a fonte traz em seu centro um enorme (e temerário) jacaré africano, ao redor do qual seis crianças sumamente despreocupadas dançam ao ritmo de uma cantiga que nossas avós entoavam para nos fazer dormir:

Ciranda, cirandinha,
Vamos todos cirandar
Vamos dar a meia-volta
Volta e meia vamos dar.

O anel que tu me destes
Era vidro e se quebrou
O amor que tu me tinhas
Era pouco e se acabou.

Por isso, dona Rosa,
Entre dentro desta roda
Diga um verso bem bonito
Diga adeus e vá se embora.

A saga do *sniper* soviético Vassili Zaitsev começa na Fonte Barmaley, segundo o francês Jean-Jacques Annaud, diretor do filme *Círculo de fogo*. Sob a ciranda das criancinhas e o soslaio do jacaré, Zaitsev vai abatendo, um a um, 242 soldados nazistas com seu fuzil de precisão telescópica. Dentro em breve, voltarei a falar da bravura de Zaitsev – por ora, vamos diretamente ao Museu-Panorama da Batalha de Stalingrado.

Os soviéticos (desde 1991, após o colapso da URSS, os russos) mantêm um edifício retangular de 4 andares, todo em ruínas, ao lado da entrada do museu. A fachada do prédio é quase inexistente, como se a construção tivesse sido escalpelada pelos bombardeios e pelas chamas. Só se veem tijolos enegrecidos e chamuscados, restos triangulares das paredes que um dia soergueram o teto, fios de aço vergados como se fossem maleáveis novelos de lã. Quem vê a Volgogrado de hoje, com os canteiros da avenida Lênin tomados por árvores frondosas, não sente a memória física dos escombros. O edifício em ruínas, então, desponta como uma admoestação – a bem dizer, um prenúncio, já que, ao longo da história humana, períodos de paz (ou, melhor, de trégua) despontam como períodos entreguerras.

Os buracos das janelas – verdadeiros olhos vazios de caveiras – testemunham uma segunda réplica da Fonte Barmaley, agora em tamanho original, à frente do edifício. É como se eu estivesse recebendo, de fato, um segundo chamado: é hora de Volgogrado, a cidade que margeia o colossal rio Volga, dar lugar a Stalingrado, a cidade-batalha que começou a reverter o curso da Segunda Guerra Mundial a favor do Exército Vermelho; a cidade-batalha que representa a primeira (e clamorosa) derrota dos piratas nazistas.

Ao largo da plataforma que dá acesso ao Museu-Panorama da Batalha de Stalingrado, deparo com um caminhão, sobre cuja carroceria há um lançador de foguetes, e um pequeno tanque de guerra. As inscrições На Берлин (*Na Berlim*, Rumo a Berlim) e За Родину (*Za Rodinu*, Pela Pátria) em suas latarias dão o tom de que a soldadela já sabia que, uma vez contida a metástase hitlerista em Stalingrado, o Exército Vermelho só descansaria para amarrar os cavalos de seus tanques blindados junto ao Portal de Brandemburgo, no coração da capital alemã.

Logo me vem à memória o livro *Um escritor na guerra: Vassili Grossman com o Exército Vermelho, 1941-1945.* O judeu soviético Vassili Grossman acompanhou o Exército Vermelho de Stalingrado a Berlim e pôde ver os rastros da vitória que os soldados iam legando com suas pichações. Duas delas, radicalmente emblemáticas, talvez tenham sido feitas pelo mesmo soldado. Em Stalingrado: "Vejo você em Berlim, alemão comedor de chucrute. *Deutschland kaputt!* (A Alemanha já era!)". Em Berlim, nas paredes do *Reichstag*, o Parlamento: "Lá em Stalingrado, eu disse que chegaria a Berlim. Quem mandou você invadir a minha pátria, alemão comedor de chucrute? E agora, hem? *Deutschland kaputt oder nicht?* (A Alemanha já era ou não?)"[1].

À entrada do museu, vejo um dos mais famosos cartazes soviéticos criados logo no início da Grande Guerra Patriótica: uma senhora com o rosto sério e vincado, toda vestida de vermelho e secundada por um sem-número de baionetas, apresenta um comunicado de guerra com a mão direita e, estendendo o braço esquerdo ao céu, sentencia: Родина-мать зовёт! (*Rodina-mat' zoviot!*, A pátria-mãe está convocando!). Todos os homens, de 17 a 60 anos, deviam se apresentar às Forças Armadas para a defesa incondicional da URSS contra a horda nazista que avançava como um tufão pelo território soviético.

---

1. Vassili Grossman, *Um escritor na guerra: Vassili Grossman com o Exército Vermelho, 1941-1945.* Tradução de Bruno Casotti. São Paulo: Editora Objetiva, 2008, p. 141.

A princípio, a cidade de Stalingrado não era vista pelos alemães como o objetivo principal. Emitida pelo Alto-Comando da *Wehrmacht*, as Forças Armadas do III *Reich*, no dia 05 de abril de 1942, a Diretiva 41 determinava que as tropas nazistas deviam (I) destruir a região industrial de Voronej, que fica no centro da Rússia europeia, (II) cruzar o Volga fazendo terra arrasada de Stalingrado (em questão de uma semana, se tanto) e (III) chegar aos riquíssimos campos de petróleo do Cáucaso.

Iniciada em 17 de julho de 1942, a batalha em Stalingrado não deveria ultrapassar o dia 25 do mesmo mês.

Ocorre que a cidade a ser dizimada por mais uma *Blitzkrieg* nazista acabou se transformando no marco em que o curso da Segunda Guerra se viu revertido.

Dos 8 dias inicialmente projetados pelos militares alemães, a batalha em Stalingrado se estendeu por 200 dias e noites em meio a um território que cobriu mais de 100 mil km². Mais de 2 milhões de homens, algo em torno de 2 mil tanques e aviões e 26 mil armas e morteiros foram exauridos na batalha.

Quando as tropas de Hitler começaram a encontrar encarniçada resistência por parte dos soviéticos, o prestigioso 6º Exército, sob o comando do *Generalfeldmarschall* (Marechal-de-campo) Friedrich Wilhelm Ernst Paulus, foi enviado para dar conta do recado. Sucessivos erros de estratégia – também decorrentes das desastrosas intervenções de Hitler nos assuntos militares – implicaram perdas terríveis e incontornáveis para as tropas de Paulus, que se viram imobilizadas, cercadas e, ao fim e ao cabo, rendidas pelo Exército Vermelho.

Paulus se tornou, a princípio, prisioneiro de guerra na União Soviética. Posteriormente, entre 1943 e 45, o oficial se juntou ao Comitê Nacional por uma Alemanha Livre, formado na URSS para se opor aos nazistas.

No dia 11 de fevereiro de 1946, em meio aos julgamentos de Nuremberg, o promotor soviético Roman Rudenko arrolou Friedrich Paulus como uma das principais testemunhas de acusação em relação à invasão da URSS pelos nazistas e às atrocidades cometidas durante a Operação Barbarossa.

Após os julgamentos, Paulus foi liberado e se radicou na Alemanha Oriental. Coincidentemente – há quem diga: sintomaticamente –, o marechal-de-campo desenvolveu uma doença motora que paralisou o lado direito de seu corpo, como que a mimetizar a suma paralisia de suas tropas entre as ruínas de Stalingrado.

E eis que uma imagem de dois soldados soviéticos famintos me faz estacar. Trajando uniformes imundos, ambos devoram nacos de carne que lhes caíram nas mãos – verdadeiros raios em céu azul, dada a agrura para o abastecimento de Stalingrado em meio à guerra. À esquerda da foto e mais próximo do plano do espectador, um soldado com a têmpora direita raspada e o quepe enviesado morde uma coxa de não sei que animal com a fome e a fúria de quem a arrancou de uma fera recém-abatida.

Logo ao lado, vejo a foto de um bebê eslavo (uma menina) sentado em um jardim. Próxima do plano do espectador, a menininha mira a câmera com a curiosidade de quem vai desbravando e projetando o mundo com a avidez do olhar. [Tal olhar de esfinge de fraldas me remete, no ato, a uma colocação sumamente lírica do escritor Liev Tolstói, que, quando criança, tinha medo de virar a cabeça bruscamente para trás: "E se o mundo ainda não estiver pronto antes da chegada do meu olhar?"[2]]

---

2. Liev Tolstói, *Infância, adolescência, juventude*. Tradução de Rubens Figueiredo. São Paulo: Todavia, 2018, p. 37.

A foto da bebezinha eslava seria muito singela, não fossem dois detalhes contumazes de Stalingrado: quando olho a foto bem de perto, o pão que a bebê segura com mãozinhas pequeninas e amorfas (como se feitas de argila) na verdade se revela uma pequena ogiva (uma bomba!) ali dispersa pelo jardim entre o cavalicoque de madeira e a boneca de pano. Ao fundo, o casebre do vizinho, à frente do qual se posta uma cerca de madeira, arde em chamas - quem se aproxima bem da foto (no museu, o som dos rasantes dos aviões e dos assovios das ogivas é onipresente) é capaz de ouvir o crepitar do fogo.

Como que a montar um quebra-cabeça mórbido - na guerra, as ruínas e os corpos cubistas se sobrepõem a esmo -, a bebezinha que brinca com um torpedo dá lugar à Приказ (*Prikaz,* Ordem) n.º 227, emitida pelo Alto-Comando das Forças Armadas Soviéticas no dia 28 de julho de 1942.

Retroceder, nunca; render-se, jamais: diante das derrotas e das baixas severíssimas que os alemães impuseram aos soviéticos quando do início da batalha, a Ordem n.º 227 estabelecia radical disciplina para a soldadela. Sem ordem estrita dos comandantes, ninguém poderia dar sequer um passo para trás. Acometidos pelo pânico e pelo derrotismo, os covardes, desertores e alarmistas deviam ser abatidos como se, desde sempre, tivessem feito parte das hostes alemãs invasoras.

Diante da Ordem n.º 227, restavam aos soldados duas opções: matar ou morrer - morrer pelas mãos inimigas ou morrer pelo fratricídio imposto pela Pátria-Mãe. [Quando, em seu discurso inflamado de 07 de novembro de 1941, dia do 24º aniversário da Revolução de 1917, Stálin sentenciou que, à diferença da Alemanha, a União Soviética contava com "reservas humanas inesgotáveis", o ditador já contabilizava, como um eficiente gerente de recursos humanos, a gordura e a carne humanas que poderiam ser estocadas e queimadas para salvar o Estado soviético do naufrágio. (Tão odiosa quanto banalizada, a expressão "recursos humanos" já não nos escandaliza em meio à sociopatologia de nossa vida cotidiana.)]

Entro, então, no cenário de radical violência das batalhas de rua – batalhas violentas, tresloucadas e impetuosas, já que Stalingrado, levando em seu ventre o nome de Stálin, não podia cair em mãos inimigas. Como os nazistas logo descobriram, se Moscou era o cérebro da União Soviética, Stalingrado era o coração da Pátria-Mãe.

A batalha travada rua a rua, esquina a esquina, pilastra a pilastra, ruína a ruína, homem a homem me leva ao sobretudo cinza do Major Vassili Glazkov, com suas golas vermelhas em cujas pontas cintilam estrelas douradas. Nascido em 1901, o oficial de 41 anos acabou sendo alvejado duas vezes pela artilharia alemã, ao que, prontamente, seus subordinados o puseram em uma viatura para levá-lo a um (arremedo de) hospital.

Ciente de que um oficial (uma vital moeda de troca) estava sendo evacuado do campo de batalha, a inteligência nazista comunica os oficiais, que, prontamente, ordenam que a soldadela centre seus ataques contra o veículo para capturar o Major Glazkov (supostamente) com vida.

Através de uma campânula de vidro retangular, começo a contar, uma a uma, as 168 perfurações (os tamanhos variados atestam projéteis dos mais diversos calibres) que transpassam o sobretudo de Glazkov. (A náusea me toma à altura do 37º orifício – começo a torcer para que, quando da segunda bala, Glazkov já tenha sido agraciado com uma morte imediata e redentora.)

Súbito, deparo com a história da Дом Павлова (*Dom Pavlova*, Casa de Pávlov), em referência aos 55 homens, de 10 nacionalidades distintas das repúblicas soviéticas, que, comandados pelo

Sargento Iákov Pávlov, resistiram heroica e encarniçadamente a sucessivas investidas nazistas contra o prédio de quatro andares, situado à margem leste do Volga, que se transformou em uma verdadeira fortaleza.

Durante 58 dias, os homens de Pávlov, parcamente supridos com água, comida e guarnições contra o frio, conseguiram impedir que os soldados alemães, que investiam contra o prédio dia e noite, invadissem o edifício-trincheira.

Homem-barricada fundamental de Stalingrado – Nazistas não passarão! –, o Sargento Iákov Pávlov recebeu, em nome de seus soldados, a honraria máxima da URSS, a medalha de Herói da União Soviética.

Em termos de psicologia da guerra – isto é, em termos da aura espessa e tangível que se espraia pelo campo de batalha com os altos e baixos do moral da tropa –, a Casa de Pávlov parece encarnar à perfeição uma observação sobre a arte da guerra feita pelo argentino Ernesto Guevara de la Serna, guerrilheiro que teve papel fundamental na vitória do Movimento 26 de Julho, comandado por Fidel Castro, em meio à Revolução Cubana que ocorreu entre 1956 e 59.

Em seu livro *A guerra de guerrilhas*, Che Guevara[3] decanta suas experiências de combatente revolucionário e discorre sobre o contexto de batalhas em que, a despeito da assimetria de forças entre as tropas adversárias, uma (in)certa variável x assume protagonismo e alça os soldados para além de si mesmos. Tal variável x, discorre Guevara, pode se relacionar à bravura – a bem dizer, à fé – dos comandantes que se dissemina entre a soldadela (ou, inversamente, estaríamos diante do credo dos soldados que contagia o comando) e ao sentido de suma justiça e emancipação da

3. Che Guevara, *La guerra de guerrillas*. Madrid: Libertad Ediciones, 2015.

luta. É assim que, diante de seus olhos de guerrilheiro vitorioso da Sierra Maestra até Havana, Guevara acompanhou combatentes menos preparados levando guarnições numerosas e armadas até os dentes à rendição incondicional.

Estudioso (e partícipe) da guerra, Guevara talvez tivesse os 55 homens da Casa de Pávlov em mente quando tateou pelo caráter indômito da variável x.

Vale frisar que o governo soviético ordenou que a Casa de Pávlov, situada à rua Sovetskaya, n.º 39, fosse reconstruída, em parte, segundo seus moldes originais. [O Museu-Panorama da Batalha de Stalingrado me faz ver que o edifício em ruínas ao lado de sua entrada pode ser uma réplica (e uma retomada) da Casa de Pávlov (e de sua aura).]

A reconstrução do edifício lendário durou 58 dias – precisamente o mesmo número de dias de que os combatentes comandados pelo Sargento Iákov Pávlov lançaram mão para impedir que o prédio fosse dominado pelos nazistas.

E eis que, perto da história da Casa de Pávlov que ganha ares mitológicos, volto a me envolver com a saga do escorpião Vassili Zaitsev, o lendário *sniper* cercado pelo *Círculo de fogo* – voltamos, então, ao filme do diretor francês Jean-Jacques Annaud ao qual fiz referência no início da caminhada pelas ruínas de Stalingrado.

Quando encalacrado entre as chamas, o escorpião prefere enterrar seu ferrão venenoso contra o próprio corpo – os autores agônicos da literatura russa talvez dissessem que o escorpião prefere fazer o elogio de seu próprio naufrágio – a ser um espectador resignado de sua incineração.

Ocorre que o ex-caçador siberiano/*sniper* Vassili Zaitsev, quando cercado e acossado pelo círculo de fogo nazista, direciona o veneno de seus disparos certeiros contra os capacetes de 242 combatentes alemães. Seu ferrão tem nome e sobrenome: fuzil de mira/precisão telescópica Mosin-Nagant, modelo M91/30, calibre 7,62x54mm.

Quando uma bomba explode, apenas os nacos de dedos, braços e pernas denunciam que, pelas crateras côncavas e fumegantes, já transitaram seres humanos que queriam sobreviver à guerra. O *sniper*, no entanto, vê a barba por fazer de sua vítima através da mira telescópica de seu fuzil – ele entrevê a aliança dourada do soldado no indicador direito (ele discerne a saudade da esposa e da filhinha recém-nascida), ele descobre os olhos esbugalhados do capitão alemão que, escondido de seus subordinados, treme de pavor e roga a Deus que o tire dali, ele lê os lábios dos inimigos de trincheira e de infortúnio que, a despeito da morte certa em Stalingrado, ainda fazem planos para depois da guerra. O *sniper* não abate abstrações, o *sniper* desconhece baixas – o *sniper* mata seres humanos com rostos agônicos como o do homem que grita no quadro do norueguês Edvard Munch.

Num amálgama de heroísmo (e, quiçá, de culpa subterrânea), reza a lenda que o *sniper* Vassili Zaitsev, que acompanhou o Exército Vermelho até Berlim, pediu que seu corpo fosse enterrado em uma colina de Stalingrado, para que sua lápide se transformasse em uma sentinela eterna da planície que seus tiros tanto guarneceram. (O *sniper*, então, já não se separaria do espectro de seus mortos.)

Ora, quem nunca esteve na guerra – até o presente momento, a maioria de nós – só pode imaginar que o maior desejo de quem já desceu ao inferno é nunca mais retornar ao campo de batalha. Como o desejo póstumo de Vassili Zaitsev pode atestar, entretanto, esse não parece ser o caso.

Como entender o ímpeto de bravura que sente saudade de seus duelos com a morte e que, a bem dizer, deles não consegue se despedir?

Talvez o poeta chileno Pablo Neruda nos possa dar uma pista a partir de um relato de sua autobiografia *Confesso que vivi*[4].

Eis que Neruda nos narra um dos encontros que teve com o Che Guevara.

Poeta e homem de paz, Neruda nunca pôde entender o guerrilheiro. O chileno não estava propriamente de acordo com a teoria e a prática da guerra de guerrilhas e do foco revolucionário que Guevara defendia – a noção de que, para o inferno dos Estados Unidos, era preciso criar um, dois, três Vietnãs. Neruda considerava tudo aquilo demasiado e insano. Mas o poeta não conseguia deixar de ver em Che Guevara um Quixote argentino.

Eis que, numa tarde a reboque de seu mate, Che teria contado a Neruda que, uma vez na guerra, poeta, dela não mais conseguimos nos desvencilhar. Nela, somos a superação de nós mesmos a cada momento – não é possível ser menos quando as rajadas só fazem crispar o corpo, quando os guerrilheiros dependem um do outro, de forma perene, para poder acreditar e sobreviver. Mas, *compañero* Neruda, quero lhe pedir uma coisa.

Neruda aquiesce com prontidão e curiosidade.

Che Guevara então saca de sua mochila uma antologia de Neruda com poemas de amor e odes às mulheres.

– Amigo Neruda, escreva aqui a tua dedicatória, quero ler o teu cancioneiro a cada fim de batalha, quando os fuzis relegados e o crepitar das fogueiras oferecerem uma trégua aos peregrinos da revolução.

É como se, resguardando a planície de Stalingrado a partir de sua colina, o túmulo/sentinela de Vassili Zaitsev sentenciasse:

– *Hay que endurecerse, pero sin perder la ternura jamás.*

---

4. Pablo Neruda, *Confesso que vivi*. Tradução de Olga Savary. São Paulo: Difel, 1979.

Se Moscou é o cérebro da União Soviética, Stalingrado é o coração da Pátria-Mãe (Parte Final)

Volgogrado (Stalingrado), 04 de julho de 2018

Continuemos a caminhar entre as memórias e os escombros do Museu-Panorama da Batalha de Stalingrado.

Antes da batalha, houve um enorme fluxo de pessoas de outras regiões já acossadas pela guerra para Stalingrado. No fim de agosto de 1942, 450 mil pessoas (sobre)viviam na cidade.

Com o recrudescimento da ofensiva nazista, os civis passaram a morrer como moscas. Em fevereiro de 1943, quando a batalha chegou ao fim, apenas 32 mil pessoas ainda estavam vivas.

O museu apresenta alguns pertences dos civis, tais como dois ícones ortodoxos entalhados em madeira. (A despeito de o ateísmo de Estado impedir a liberdade religiosa na URSS, quando da invasão nazista Stálin mandou reabrir as igrejas que a Revolução Russa de 1917 interditara para conquistar o coração do povo em favor da defesa sagrada da pátria.)

Em um dos ícones, vejo um santo calvo e de barba branca e hirsuta, com o indicador e o dedo médio destros assentados sobre o polegar (Pai, Filho e Espírito Santo). Ornado com mantos coloridos, a policromia do santo destoa do segundo ícone, cuja imagem fosca e desgastada tenta representar Maria e o pequeno Jesus.

A não ser que façamos parte de alguma igreja ou movimento religioso cuja liturgia procure se capilarizar até aspectos bem micrológicos do cotidiano, a reprodução rotineira da vida nas sociedades ocidentais (ou ocidentalizadas) tende a se distanciar das premissas espirituais. Entretanto, momentos de suma crise esgarçam a indiferença ateia e/ou agnóstica e fazem com que a busca de respostas para perguntas últimas se imponha diante de fraturas e perdas irremediáveis.

– Meu Deus, por quê?! Com que sentido, meu Deus!?

Imaginemos, então, o percurso de tais ícones ortodoxos do mais obscuro esconderijo, quando da perseguição antirreligiosa na União Soviética, à sua disposição cotidiana sobre pequenos altares e cômodas nos quartos, no momento em que a guerra irrompe. Por fim, quando a guerra deixa de ser um temor longínquo e começa a cuspir seus estilhaços através das janelas, os ícones se perdem em meio à fumaça das explosões – as súplicas desesperadas a Deus e a seu séquito de santos assumem, então, um caráter verdadeiramente íntimo, já que elas precisam ser atendidas aqui e agora. Em sua pregação, Cristo sentencia: "Quando orares, entra no teu quarto, fecha a porta e ora ao teu Pai em segredo; e teu Pai, que vê num lugar oculto, te recompensará"[1]. Ocorre que, em Stalingrado, já não há quartos ou portas. O segredo entre os escombros é a tônica, já que qualquer ruído indevido pode implicar a morte imediata. É preciso rezar para dentro – a fratura da guerra aproxima Deus da intimidade mais recôndita de todos e cada um de seus fiéis. Diante da completa perda de sentido para a vida devido a fraturas incontornáveis, Deus não pode ficar em silêncio. A fratura da guerra, então, faz com que nossas orações apontem os dedos para Deus como baionetas em riste.

1. *Evangelho segundo Mateus*, capítulo 6, versículo 6.

Em meio à batalha, alguns artistas destemidos – escritores, pintores e cinegrafistas – acompanham os combatentes do Exército Vermelho para retratar seus esforços.

Valentin Orliankin é muito respeitado e querido pelos soldados – o cinegrafista não procura tomadas apenas nas breves tréguas da batalha. Ele coloca a própria vida em risco para que os soviéticos conheçam o heroísmo da resistência e saibam por quem os sinos dobram.

Em reconhecimento à bravura e ao ímpeto artístico e patriótico de Orliankin, os soldados decidem presenteá-lo com um violino – consta que o musicista diletante Valentin Orliankin tentava transformar os ruídos das ogivas e dos caças em acordes de suas composições atonais.

Relatos de inúmeros soldados dão conta de que, nos momentos mais tétricos dos bombardeios, o cinegrafista/maestro Valentin Orliankin tentava reger a sinfonia das bombas cadentes, a céu aberto, com a batuta de sua câmera.

Ao fim e ao cabo, as tomadas de Orliankin compuseram o documentário *A cidade que parou Hitler: Heroica Stalingrado*, com direção de Leonid Varlamov e lançamento na Suécia, país que se declarou neutro durante a Segunda Guerra, em 14 de maio de 1943, apenas 3 meses após a vitória soviética em Stalingrado.

A partir de novembro de 1942, as forças soviéticas deixam de se ver acuadas e passam a lançar poderosas contraofensivas para cercar os 330 mil combatentes alemães lotados na cidade.

Nos primeiros dias de 1943, o generalato soviético prepara uma ordem com os termos da capitulação incondicional a ser entregue para o Marechal-de-campo Friedrich Paulus, comandante das tropas alemãs.

O Museu-Panorama da Batalha de Stalingrado me apresenta, então, duas verdadeiras relíquias: (i) o trompete que um lugar-

-tenente soviético entoou, em pleno campo de batalha, para avisar aos inimigos alemães que (II) a ordem de capitulação estava a caminho.

Prateado e algo fosco (provavelmente devido à oxidação), o trompete acanhado não parece estar à altura da enorme importância histórica de seus acordes.

O ruflar dos tambores e o ribombar das tubas e trompetes só não são mais onipresentes nas batalhas do que os gritos de guerra – a música bélica, sobretudo em seu clamor instintual, liberta a besta-fera enjaulada pela civilização.

Ainda assim, o compasso viril do trompete, prenúncio e espada da guerra, deverá mediar as tratativas de paz em Stalingrado. (A mão que fere é a mesma mão que deve curar.)

As ordens de Adolf Hitler para seu subordinado Friedrich Paulus são tão claras quanto furibundas: não deve haver quaisquer negociações para a capitulação das tropas alemãs. É preciso lutar até o último homem.

Na radical reviravolta provocada pela batalha em Stalingrado, Hitler já começa a sentir o gosto podre de sua ideologia, uma vez que o suposto *Übermensch* (super-homem) ariano não consegue derrotar o *Untermensch* (sub-homem) eslavo.

No livro *Era dos extremos*, o historiador britânico (de origem judia e nascido no Egito) Eric Hobsbawm[2] comenta que um grande contingente da população de países como a Bielorrússia e a Ucrânia chegou a receber os invasores nazistas como verdadeiros libertadores, uma vez que os alemães logo restabeleceram a propriedade privada no campo e acabaram com a política de coletivização forçada da agricultura, que, a partir do primeiro plano

---

2. Eric Hobsbawm, *Era dos extremos*. Tradução de Marcos Santarrita. São Paulo: Companhia das Letras, 1995.

quinquenal de Stálin, entre o fim da década de 1920 e o início dos anos 30, alastrara a inanição como uma epidemia a dizimar milhões e milhões de camponeses.

Para o radical desencanto de tais populações eslavas, no entanto, as terras amealhadas a leste se destinavam ao novo baronato alemão; ademais, o tratamento brutal que lhes foi dispensado pelos invasores só fazia referendar a noção de que, muito longe de serem libertadores, os nazistas eram carrascos ainda mais odiosos do que os stalinistas. Tudo isso municiou a simpatia de tais populações pela causa do Exército Vermelho – os *partisans* (rebeldes paramilitares) que sabotavam as tropas alemãs e lhes infligiam grandes danos materiais e morais encontravam esconderijos e repastos preciosíssimos entre tais eslavos.

Seguindo os decretos draconianos (e cada vez mais contrafactuais) do *Führer*, o Marechal-de-campo Friedrich Paulus rechaça, com veemência, a ordem soviética de capitulação incondicional. O museu expõe a ordem de capitulação com manchas de sangue nas dobras do papel, já que o lugar-tenente soviético que tocou o trompete e portava o documento acabou ferido pela artilharia inimiga. Tudo isso atesta que, se Moscou é o cérebro da União Soviética, Stalingrado é o coração da Pátria-Mãe.

Ora, das querelas que contrapõem pais e filhos, patrões e empregados até os campos de batalha, o título breve e luminoso como um raio do romance *Guerra e paz*, de Liev Tolstói, sintetiza os extremos mais antípodas (e umbilicalmente irmanados) entre os quais a história e a natureza humana tendem a oscilar.

Como a empáfia racista e xenófoba dos nazistas rechaça a capitulação, os soviéticos lançam mão, a partir do dia 10 de janeiro de 1943, da Operação Кольцо (*Kol'tso*, Anel), com o objetivo de cercar e dividir, ao norte e ao sul, as tropas alemãs. (Em tempos de paz, é preciso dividir para reinar; em tempos de guerra, é preciso dividir para minar.)

No dia 22 de janeiro, Friedrich Paulus manda uma mensagem de rádio em caráter urgente-urgentíssimo para o Alto-Comando do Exército Alemão:

> Os russos estão atuando em uma área com 6 km de largura em ambos os lados de Voronopovo no epicentro da contraofensiva; alguns batalhões desfraldam bandeiras em direção ao leste. Não há como cobrir o flanco aberto. O recuo em direção a frentes vizinhas que também estão sem munição é inútil e inexequível. Suprimentos de munições a partir de outras frentes também já não são possíveis. A comida está acabando. Que ordens eu devo dar às tropas que já não têm munição e que logo serão atacadas com artilharia pesada, tanques e infantaria maciça? Decisões rápidas são necessárias, porque a desagregação e a deserção em alguns locais já começaram.

Nos dias 23 de janeiro e 02 de fevereiro, o Exército Vermelho retomou, respectivamente, o controle das regiões sul e norte de Stalingrado.

Além de se pôr de pé a partir de suas próprias ruínas, a fênix de Stalingrado, após 200 dias e noites excruciantes, acaba com a aura de invencibilidade das tropas de Adolf Hitler.

Em um pronunciamento radiofônico para a então desesperada pátria soviética no dia 03 de julho de 1941, quando as tropas alemãs só faziam sangrar o solo nacional, Stálin lembra às repúblicas soviéticas que nenhum exército, ao longo da história, se mostrara invencível. Como a guerra que a URSS começara a travar contra o III *Reich* é uma guerra defensiva, a justiça está ao lado do povo que luta por autodeterminação. Hitler, sentencia Stálin, terá o mesmo destino dos invasores franceses comandados por Napoleão: o chute nos fundilhos aplicado pela mais clamorosa derrota.

Um cartaz soviético elaborado no calor da vitória procura costurar momentos díspares e dispersos da história, como se o passado fosse um prenúncio do presente, e como se o presente, para além das muitas contingências da história real, fosse uma derivação necessária do passado: sob a liderança de Lênin e Stálin, o Exército Vermelho expulsara da Rússia os invasores estrangeiros e anticomunistas (entre os quais os alemães) a partir de 1918, quando teve início a encarniçada guerra civil que se seguiu à Revolução de Outubro de 1917. Na verdade, em mais uma das reviravoltas maquiavélicas que a história dá, o trem que conduziu Lênin de volta à Rússia, em abril de 1917, ficou estacionado em Berlim durante 20 horas, para possíveis tratativas do líder revolucionário com funcionários alemães do Ministério do Exterior. Registros do ministério dão conta de um apoio financeiro da ordem de 40 milhões de marcos para a causa bolchevique, uma vez que, nas famosas *Teses de abril*, Lênin[3] apregoava que sua primeira medida à frente do governo revolucionário seria retirar a Rússia da Primeira Guerra Mundial. Para a Alemanha, a paz selada com a Rússia permitiria ao imperador Guilherme II centrar suas forças apenas na frente ocidental, em meio aos duelos encarniçados contra França e Inglaterra.

Pois bem: sob a liderança de Lênin e Stálin e sob os golpes da cavalaria russa que expulsara os invasores estrangeiros, em 1918, o cartaz soviético dá um salto de 25 anos e mostra, em janeiro de 1943, um altivo e confiante soldado do Exército Vermelho subjugando, com a ponta de sua baioneta, um combatente alemão estirado sobre a neve e de rosto cadavérico.

---

3. Vladímir Lênin, *Teses de abril*. Tradução de Álvaro Pina, Caco Ishak, Daniela Jinkings e Ivana Jinkings. São Paulo: Boitempo, 2017.

Na primeira frase do ensaio *O 18 Brumário de Luís Bonaparte*, Karl Marx sentencia: "Hegel observa em uma de suas obras que todos os fatos e personagens de grande importância na história do mundo ocorrem, por assim dizer, duas vezes. E esqueceu-se de acrescentar: a primeira vez como tragédia, a segunda como farsa"[4].

Os marxistas soviéticos e seus cartazes de guerra submetem o fragmento do ensaio canônico do então jovem Marx – em 1852, o revolucionário alemão tinha apenas 34 anos – ao seguinte revisionismo:

– Todos os fatos e personagens de grande importância na história do mundo ocorrem, necessariamente, duas vezes. A primeira vez como tragédia, a segunda como propaganda.

A despeito das interpretações históricas panfletárias, a experiência acumulada com a vitória em Stalingrado permitiu ao Exército Vermelho usar estratégias parelhas na sequência da Grande Guerra Patriótica. Unidades que lutaram em Stalingrado também participaram de combates na Polônia e na Tchecoslováquia, na Áustria e na Alemanha.

Ao fim, a exposição do Museu-Panorama da Batalha de Stalingrado me encaminha para seu piso superior.

(Depois de todo esse périplo pelas ruínas da mais emblemática batalha da Segunda Guerra, eu não imaginava que poderia ser arrebatado ainda mais.)

Ao subir uma vertiginosa escada em caracol, chego à cúpula do museu. Súbito, um panorama de 360° me coloca, histórica e literariamente, em meio à batalha de Stalingrado, como se ela estivesse sendo narrada pelo Tolstói de *Guerra e paz*.

---

4. Karl Marx, *O 18 Brumário de Luís Bonaparte*. Tradução de Nélio Schneider. São Paulo: Boitempo, 2011, p. 37.

Imbuídos do realismo escatológico da guerra, artistas soviéticos de primeira linha pintaram as cenas da batalha pelas paredes da cúpula do museu – é como se o Éden da Capela Sistina, ao descer às agruras de nossa história, se convertesse no inferno de Stalingrado.

A beleza do heroísmo e da cicatriz; a beleza da tragédia que, ainda assim, só faz resistir: nuvens transpassadas pela luz laranja do crepúsculo, nuvens asfixiadas pela fumaça turva das explosões; flocos de neve em queda malemolente, neve tingida de sangue; trincheiras em ziguezague que desembocam em abrigos subterrâneos, abrigos que lembram as cavernas dos hominídeos que, em ziguezague, legavam suas pegadas de centauros – metade bestas, metade homens (semi-inocência que já não resta aos soldados); combatentes-camaleões vestindo capas brancas para se confundir com a neve; um soldado exaurido transforma a metralhadora em cajado e tenta buscar acalento junto à fogueira que crepita com a lenha dos móveis de mais uma família mutilada; crateras, crateras colossais, crateras fumegantes, crateras sempre côncavas – o prenúncio da cova rasa e coletiva; capacetes e pás, coturnos e obuses, tanques e soldados que, em comitiva pelo deserto da guerra, mais parecem beduínos que buscam o escambo da morte pela sobrevida, a guerra como condição para a paz.

A suma beleza do panorama da batalha de Stalingrado – a beleza de tudo aquilo que é heroico e amorfo, a beleza de tudo aquilo que é trágico e que, ainda assim, insiste em resistir – me traz uma antítese radical para a sensação de plenitude exalada pelas aquarelas do francês Claude Monet, que estão expostas, também de forma panorâmica, na cúpula do Museum of Modern Art, em Nova Iorque.

Quando contemplei as aquarelas de Monet, em dezembro de 2014, me senti abraçado por um sentido imediatamente tangível de bondade e reconciliação – com pinceladas gentis como a mais suave brisa, as aquarelas pareciam flutuar indefinidamente, em verde e amarelo, rosa e laranja, como se expectativas singelas não se vissem acuadas pela ansiedade e pelo medo, já que a esperança estava ali, à mão: as flores líquidas de Monet pareciam ter desaguado naquele momento – aqui e agora – da paleta do pintor.

Ao contemplar o panorama das aquarelas de Monet, eu pude entender, fisicamente, a utopia do Príncipe Míchkin, protagonista do romance *O idiota*, de Fiódor Dostoiévski[5]. Fusão de Jesus Cristo e Dom Quixote, Míchkin vaticina:

– A beleza salvará o mundo.

Ao contemplar o panorama da batalha de Stalingrado, eu pude imaginar, fisicamente, a pergunta que o ateu e parricida dostoievskiano Ivan Karamázov, (anti-)herói do romance *Os irmãos Karamázov*, faria a seu irmão literário:

– E quanto ao mundo, Míchkin? O mundo salvará a beleza?

---

5. Fiódor Dostoiévski, *O idiota*. Tradução de Paulo Bezerra. São Paulo: Editora 34, 2002.

A BORDO DO TREM QUE VAI DE VOLGOGRADO (STALINGRADO) A ROSTOV-SOBRE-O-DON

Stalingrado, Berlim e o amor entre os escombros

Entre Volgogrado (Stalingrado) e
Rostov-sobre-o-Don, 05 de julho de 2018

Em Stalingrado, vou até o monumento em homenagem à Pátria-Mãe.

Com um manto esvoaçante que parece incrustar asas de anjo em suas costas, a enorme estátua da Pátria-Mãe soergue uma longa espada com a mão direita e convoca todos os filhos para a justa causa da defesa nacional: Родина-Мать зовёт! (*Rodina--Mat' zoviot!*, a Pátria-Mãe está chamando!)

Próximo do sopé da estátua, desponta um panteão em cujo centro uma mão emerge do chão de mármore negro e soergue a tocha eterna em homenagem aos heróis da União Soviética que pereceram na batalha de Stalingrado – todos e cada um de seus nomes estão inscritos nas paredes do panteão, cuja abóbada vazada (como a do panteão de Roma) permite que vejamos o rosto da Pátria-Mãe, como se o fogo da memória fosse sempre alimentado pelo clamor da justiça.

Todos observam a chama trêmula e altiva com solenidade, a não ser um senhor bem velhinho que se posta ao largo das pessoas, como se ninguém o visse – a bem dizer, como se ele não quisesse ser visto.

Ele chega a bater continência para os oficiais que, em dado momento, marcham ao redor da chama, mas a saudação militar é mais formal do que essencial – seus olhos (sua procura) parecem estar em outro lugar.

Um a um, os visitantes vão indo embora, mas o velho permanece ali, em sua penumbra, ensimesmado num silêncio denso e cada vez mais pesaroso.

Súbito, ele saca do bolso um cantil de prata fosco e delgado (vodca?) e toma um trago demorado. A pele de seu pescoço, flácida e vincada, ainda assim deixa entrever o gogó pontudo como uma lasca.

Quando o velho saca um lenço quadriculado do mesmo bolso de onde saíra o cantil e, ao invés de assoar o nariz, leva o tecido aos olhos, me sinto solidário à sua tristeza.

É hora de saber o que está acontecendo.

– O senhor está bem?

O velho me olha com espanto e dúvida – não sei bem o que fazer, a não ser reiterar a pergunta com um adendo:

– O senhor está bem? Posso ajudar em algo?

O velho então me mira com um olhar desafiador – e sentencia:

– Por que você veio até mim? Você está realmente preocupado comigo ou apenas não quer se sentir culpado ao virar as costas para um velho solitário?

Com a punhalada de sua franqueza, o velho aniquila minha condescendência.

É hora de saber, de fato, o que está acontecendo.

– O senhor quer dizer algo?

O velho então me mira com um olhar sentencioso – e me desafia:

– E você lá tem nervos para me ouvir, jovem?

– Não sei... Mas o senhor certamente tem algo a dizer.

– Ora, jovem, se um monte de ruínas como eu, a essa altura da vida, não tiver algo a dizer, isso só pode significar que eu já morri, e se esqueceram de me enterrar.

– Então eu quero ouvi-lo – e o senhor pode confiar em mim.

O velho me mira com resolução e me estende a mão direita com os dedos curvos de reumatismo:

– Muito prazer, jovem: meu nome é Vissarion Ivanovitch Orlov, e eu sobrevivi a Stalingrado.

Quando faço menção de expressar minha admiração e gratidão pela resistência do Exército Vermelho, Orlov me interrompe:

– Eu não me esqueço de quando eu matei aquele alemão...

– Mas, senhor Vissarion, era matar ou morrer – e, tendo em vista que os invasores eram os nazistas, era matar ou ser escravizado!

– O nome dele era Fritz Eugen Ehrenreich, nascido em Berlim no dia 16 de dezembro de 1922: eu o matei em seu 20° aniversário, jovem.

– Mas como é que o senhor soube de tudo isso?

– Foi o próprio Fritz quem me disse...

– Ué, como? Mas o senhor não o matou? Como é que ele te falou essas coisas?

– Eu era *sniper*, jovem – e dos bons. Era para o tiro ter varado o capacete do Fritz e rasgado a cabeça dele da testa até a nuca, do lobo frontal até o cerebelo – assim prometia a mira telescópica.

– Mas o que foi que aconteceu?

– Aconteceu que, depois do disparo e do sinal de que aquela zona estava limpa de chucrutes invasores, eu cismei em ir até o local para pegar a plaquinha de identificação que cada soldado alemão pendurava ao redor do pescoço, e daí eu encontrei o Fritz vivo – ele estava se esvaindo em sangue, eu sentia o calor da vida abandonando o corpo dele... Nessa hora, jovem, não tem russo, não tem alemão: quando alguém agoniza diante de você, quando você vê um rosto se contorcer, a dor te toca – na guerra, você é o próximo. A bala acabou varando a lateral do pescoço dele – eu fiz um torniquete, ofereci água do cantil, mas ele não quis, o Fritz tentava falar, mas tava saindo sangue da boca também, daí ele engasgava – foi então que, desesperado, com as mãos já desfalecidas, o Fritz começou a apontar, com o queixo, pro bolso dele junto ao peito, sob o símbolo da águia do *Reich*. De lá eu saquei uma carta com letra redondinha de mulher, dentro da qual havia uma foto de um bebê recém-nascido, e uma outra carta, dessa vez com garranchos masculinos, dentro da qual havia um crucifixo de madeira. Quando o Fritz me viu passando o olho por tudo aquilo, ele conseguiu driblar a própria dor e, com uma voz pastosa de morto-vivo, ficou balbuciando as seguintes palavras, como um mantra: "*Mein Sohn... Kreuz für... Taufe... Meine Frau... Mein Sohn... Kreuz für... Taufe... Meine Frau... Mein Sohn... Kreuz für... Taufe... Meine Frau...*".

Ofegante, o senhor Orlov estaca as palavras e busca o cantil no bolso novamente.

Depois de mais um trago bem fundo (era vodca, de fato), ele continua:

– Eu não sabia alemão, mas "*Mein Sohn... Kreuz für... Taufe... Meine Frau...*" foram as primeiras palavras da língua de Marx que eu aprendi: "Meu filho... Cruz para... batismo... Minha mulher...".

– E então? O que foi que você fez?

– Eu segui o Exército Vermelho até Berlim, jovem – a plaquinha de identificação do Fritz, a foto de seu filho Hans, a cruz para o batismo, a carta perfumada da esposa e os garranchos da resposta seguiram comigo até o fim.

– E então?! O que foi que você fez?!

– Sob o risco de ser acusado de deserção, caso o Sargento Obuzov desse pela minha ausência, e sob o risco de ser alvejado pela resistência dos civis alemães que não aceitavam a queda do *Reich*, eu fui até o que restava do bairro de Kreuzberg e, à altura do número 21 da Schönleinstraße, eu encontrei, no segundo andar, o apartamento da família Ehrenreich. Agora veja, jovem: em nenhuma ocasião da guerra eu senti tanto medo quanto naquele momento – quando uma bomba despenca, rapaz, você logo vira grão de areia; a amizade na guerra, por sua vez, é curiosa: você tem medo de ficar sozinho, porque a solidão é flanco aberto para a covardia do inimigo, e você também quer conversar, quer dizer (e mentir) para o teu colega de farda e de infortúnio que é possível fazer planos para depois da guerra, que há alguém te esperando, que a tua casa ainda está lá. Mas, num zás, teu colega tomba do teu lado – sabe aquela coisa de você não acreditar que uma pessoa com quem você falou ontem (alguém que parecia inquebrantável) acabe morrendo do nada? Esse é o cotidiano da guerra: laços totalmente arruinados, escombros até mesmo (e sobretudo) dentro da gente; tudo, absolutamente tudo, é quebradiço – e perecível. Qual foi, então, o único laço (o único afeto) que me restou? Sim, porque a minha família inteira morreu, jovem – maldita *Blitzkrieg!* O que foi que me restou? Cumprir uma promessa que eu nem cheguei a fazer – apaziguar a dúvida da viúva e do filhinho de Fritz, devolver a carta perfumada, transmitir os garranchos da resposta e entregar a cruz do batismo. E eu, como mensageiro, era a própria figura da Morte com a capa preta, a foice na mão direita e a ampulheta na mão esquerda. Como é que, antes de mais nada, você sepulta a esperança de uma esposa com a sentença de morte do marido? Sim, porque a gente quer se enganar, a gente quer acreditar que, mesmo depois de anos sem notícia, o Fritz vai voltar a aparecer. Depois do choro copioso da mulher, jovem, vem o paradoxo da calmaria – porque, bom, a ansiedade tripudia com a gente, a dúvida parece um punhal escarafunchando a ferida, mas a morte é certa e concreta, ela é tão cruel quanto inabalável, daí você sofre e sabe por que sofre – eis o pêndulo da alma, jovem, veja de que estofo a gente é feito, rapaz! Só que aí, depois, vem o pior, vem o mais duro, vem o mais difícil – e daí o meu medo, e daí o meu crime, e daí o meu castigo: como é que você diz para a Susan e para o pequeno Hans, então com 3 anos, que você é o assassino de Fritz? Como?!

O senhor Orlov olha para o fogo da vitória como quem quer (e vai!) apagá-lo.

O velho soldado levanta a cabeça e, através da abóbada vazada, vislumbra a estátua da Pátria-Mãe com o rosto transtornado, como se a mera insinuação de justiça lhe causasse náusea.

– Eu não revelei a verdade última para a Susan, jovem, eu não disse nada – mas eu sei que, desde o momento em que ela me viu junto à soleira de sua porta com a farda do Exército Vermelho, ela sabia quem eu era e o que eu tinha feito; ela sabia quem eu era, jovem, justamente por aquilo que eu tinha feito. E veja só: a Susan se esgoelou, a Susan até me xingou, mas, ao fim, a Susan não sabia mais como me agradecer – quase não havia comida no arremedo de apartamento, de modo que nós só pudemos nos sentar, sempre falando baixinho, para que ela me contasse histórias de Fritz: como os dois tinham se conhecido, os planos que iam realizar, a gravidez, o nascimento do pequeno Hans, a convocação para a guerra – e a completa falta de notícias. Tudo isso entreouvido pelo pequeno Hans, cujos olhos azuis bem esbugalhados pareciam captar o sentido secreto das coisas. Súbito, eu digo para a Susan que preciso ir, que é muito arriscado ficar aqui sequer por mais um minuto, então ela pousa as mãos sobre as minhas, por piedade, por angústia, por solidão, e me pede – ela suplica àquele que fizera do pequeno Hans um órfão - que, quando eu voltar para casa, quando eu abraçar meus entes queridos (como eu poderia lhe dizer que Hitler não me deixara ninguém?), ela quer receber uma carta minha, uma carta de um amigo russo - a guerra, afinal, havia terminado, e ela agora tem um amigo que vive no país e na cidade por onde Fritz tinha caminhado. Você jura que me escreve? Eu me lembro até agora, jovem, das mãos dela abertas e apertadas uma contra a outra, como em oração, para que eu selasse uma promessa.

O senhor Orlov, então, volta a revolver o bolso da calça.

Dessa vez, o velho soldado saca não o cantil, mas um maço volumoso de cartas.

- Aqui estão quase 75 anos de correspondências, jovem - uma carta dela por ano, desde 1945. Falamos sobre tudo - e, à distância, eu, o assassino de Fritz, me tornei seu confidente. Em Stalingrado, Fritz havia morrido; em Stalingrado, Susan tinha um amigo. E doeu muito em mim - doeu como se eu tivesse perdido o meu próprio filho (o filho que eu nunca tive, jovem) -, quando eu soube que Hans, aos 36 anos, sofreu um terrível acidente de carro e faleceu (isso foi em novembro de 1981). Por causa da Guerra Fria e do famigerado muro em Berlim, era praticamente impossível visitar a Susan - veja só: a guerra permitiu que nós dois nos conhecêssemos, mas a paz acabou impedindo nosso reencontro. Mas agora que a Susan e eu já somos nonagenários - agora que a Susan acaba de velar seu segundo marido -, ela me mandou uma nova carta que chegou há algumas semanas, jovem: a 73ª carta, veja só.

- E o que ela te disse na carta, senhor Orlov?

- Ela me disse que quer vir morar aqui em Stalingrado...

- Como? É mesmo?!

– Sim. Ela me disse que quer trazer para cá as cinzas do Hans e jogá-las no Volga. Ela disse que quer permanecer aqui, onde o Fritz está – e onde eu estou...

– E o senhor já lhe respondeu?

– Ainda não...

– Mas e o senhor – o que o senhor quer?

– Eu, assassino de Fritz, sobrevivente de Stalingrado e confidente de Susan?

– Sim, o que o senhor quer?

Como bom russo, o senhor Orlov esvazia o cantil até a última gota – e sentencia:

– Eu tenho medo, jovem...

– Mas medo do quê?!

– Medo de sondar a minha própria vontade.

No interior de uma igreja ortodoxa em Rostov-sobre-o-Don

ROSTOV-SOBRE-O-DON – KM 2807

[AO SUL DE MOSCOU; A SUDOESTE DE NÍJNI NOVGOROD, KAZAN, SARANSK, SAMARA E VOLGOGRADO (STALINGRADO)]

Vladímir Maiakóvski, a revolução que atira contra o (próprio) peito

Rostov-sobre-o-Don, 06 de julho de 2018

Com traduções e ensaios de Augusto e Haroldo de Campos e Boris Schnaiderman, o livro *Poemas* nos traz uma antologia da obra do russo Vladímir Maiakóvski como um panorama pré e pós-revolucionário de sua poesia[1].

Para Boris Schnaiderman, no ensaio "Maiakóvski: evolução e unidade",

> a evolução de formas e as mudanças de visada são apenas múltiplos aspectos da mesma realidade poética. O Maiakóvski futurista [pré-revolucionário], que usava blusa amarela, é o mesmo poeta da Revolução [de 1917], consciente e desafiador, assim como os poemas que escreveu nas vésperas da morte [Maiakóvski se suicidou com um tiro no peito] trazem a marca dos mesmos procedimentos poéticos, altamente elaborados, que pôs em prática a partir de 1912[2].

O livro tem início com o poema "A Vladímir Maiakóvski", de autoria da poeta Marina Tzvietaieva, para quem

> Ele é dois: a lei e a exceção,
> Ele é dois: cavalo e cavaleiro[3].

---

1. Vladímir Maiakóvski, *Poemas*. Tradução de Augusto e Haroldo de Campos e Boris Schnaiderman. São Paulo: Perspectiva, 2017.

2. Idem, p. 32.

3. Idem, p. 21.

Se, para a criação da arte revolucionária, forma e conteúdo *politicamente* revolucionários também precisam ser *artisticamente* radicais, o poeta da revolução e o poeta revolucionário têm que se fundir em uma única e mesma pessoa. Para Tzvietaieva, essas duas entidades encontraram-se apenas uma vez no centauro Maiakóvski – "Ele é dois: cavalo e cavaleiro" –, "pois ele é um revolucionário poeta, o milagre de nossos dias"[4].

É assim que, "De rua em rua", o eu-lírico iconoclasta e fortemente imagético de Maiakóvski anseia que os "Cisnes de pescoços-campanários" das catedrais se torçam (e/ou se asfixiem) "nos fios do telégrafo"[5].

Desde o título-desafio "Algum dia você poderia?", o poeta nos intima a ler e auscultar, entre as

> escamas de um peixe de estanho,
> lábios novos chamando[6].

E quando é que depararíamos com "Algo em [São] Petersburgo" como "mamilos de granito" (intumescidos, poeta?) ou "o camelo de duas corcovas do rio Neva"[7] sem a mediação de Maiakóvski?

O olhar do eu-lírico parece extrair e embaralhar a ontologia das coisas de modo a transmutá-la(s) com a alquimia de seus poemas-experimento. Assim, como se o poeta capturasse a nervura do mundo com uma câmera na mão – vale lembrar que o polivalente Maiakóvski também escreveu roteiros para filmes –, o enquadramento de seu olhar, "No automóvel" em movimento, nos revela que

---

4. Ibidem.
5. Idem, p. 96.
6. Idem, p. 100.
7. Idem, p. 103.

A cidade desatarrachou de súbito.
Os anúncios boquiabriam-se de susto[8].

Maiakóvski nos incita a resgatar nosso coração da "jaula do tórax"[9] ("Jubileu") – o carcereiro será hipnotizado por versos entoados pela "flauta de minhas próprias vértebras"[10] ("A flauta-vértebra").

Em meio à carnificina da Primeira Guerra Mundial, Maiakóvski dá uma forte bofetada no público burguês do cabaré artístico "O cão vadio" ao recitar/disparar um de seus mais virulentos poemas-desafio – "A vocês!":

Sabem vocês, inúteis, diletantes
Que só pensam encher a pança e o cofre,
Que talvez uma bomba neste instante
Arranca as pernas ao tenente Pietrov?...[11]

Boris Schnaiderman nos conta que

aquela bofetada no público burguês, ao qual se lembrava a imoralidade de sua vida boêmia, no momento em que o soldado russo morria nas frentes de combate, provocou indignação geral entre os frequentadores do cabaré. "O cão vadio" por pouco não foi fechado, por causa daquela noite de poesia[12].

A profunda irradiação de Maiakóvski pelo imaginário de sua época fez com que, em meio à Revolução de Outubro, os marinheiros que investiam contra o palácio de inverno do tsar, em São Petersburgo, cantassem os versos do poema de luta "Come ananás":

---

8. Idem, p. 112.
9. Idem, p. 158.
10. Idem, p. 118.
11. Idem, p. 121.
12. Idem, p. 36.

Come ananás, mastiga perdiz.
Teu dia está prestes, burguês[13].

Entretanto, o forte apelo político da obra de Maiakóvski – uma obra que entretecia as esferas subjetiva e histórica – não a converteu em um mero panfleto. Em contraposição aos burocratas partidários que consideravam sua poesia hermética e elitista, Maiakóvski se apropria da crítica limitada e a ressignifica em um poema "Incompreensível para as Massas":

Chega
de chuchotar
versos para os pobres.
A classe condutora,
também ela pode
compreender a arte.

Logo:
que se eleve
a cultura do povo!
Uma só,
para todos.
O livro bom
é claro
e necessário
a mim,
a vocês,
ao camponês[14].

13. Idem, p. 135.
14. Idem, p. 206.

Em uma época que levou artistas a declinar da autoria de suas obras – o ímpeto revolucionário teria parido a miríade de criações –, o suicídio de Maiakóvski, em 1930, aos 36 anos, também pode ser compreendido à luz do autoritarismo contrarrevolucionário da União Soviética sob o punho de Stálin. Afinal, em um poema premonitório de 1926 em homenagem ao poeta Sierguéi Iessiênin, que se suicidara, Maiakóvski sentencia:

É preciso
          arrancar alegria
                    ao futuro.
Nesta vida
          morrer não é difícil.
O difícil
          é a vida e seu ofício[15].

15. Idem, p. 187. Este escrito compôs o meu texto "Maiakóvski, revolução, poesia e um tiro no peito", publicado em 18/11/17 no caderno literário "Aliás", do jornal *O Estado de S. Paulo.*

Maturidade do adulto: recuperar a seriedade da criança ao brincar

Rostov-sobre-o-Don, 07 de julho de 2018

Na confluência da avenida Budionovski com a rua Turguenievskaya, chego ao Mercado Central de Rostov, a 5 quadras (se tanto) do rio Don.

Assim que começo a caminhar pela feira à russa, uma бабушка (*babuchka*, vovó) espirituosa e rechonchuda, com um lenço multicolorido ao redor da cabeça e amarrado sob o queixo, me pega pela mão e começa a conduzir este forasteiro por entre as barracas.

A *babuchka* Aliόna Ivánovna tem olhinhos vivazes porém pequeninos – o acúmulo de pele bem enrugada e flácida ilha seus olhos e os transforma em pequenas frestas. Os cabelos brancos como fios de nuvem se esgueiram por sob o lenço e lhe caem pelas têmporas e sobre a testa. Quando a vovó sorri, o sol de verão reluz em sua coleção de dentes de ouro – na finada União Soviética, problemas dentários tendiam a implicar a extração dos dentes e sua reposição por próteses de ouro, como se a pátria do socialismo quisesse desdenhar do nobre metal burguês colocando-o na boca de seus banguelas proletários.

A *babuchka* logo me faz aterrissar em cada uma das barracas.

Ela me leva a cheirar e a provar a policromia russa de legumes e temperos, frutas e doces – cada degustação pressupõe o toque, e as pontas dos meus dedos vão se embebendo de sumo, óleo e açúcar.

Alióna Ivánovna alisa os pêssegos como se estivesse penteando o dorso de um gato.

A vovó coloca um pêssego ao lado de uma maçã: ambos têm o mesmo tamanho e as mesmas cores, com a predominância do amarelo, no pêssego, e do vermelho, na maçã, como se o primeiro fosse a meia virada do avesso da segunda.

Ao comparar a solidão de uma cereja bem vermelha com o bloco de carnaval de um cacho de uvas graúdas, a *babuchka* sentencia que a expressão "cereja do bolo" mais parece um prêmio de consolação para a fruta mais triste que existe.

Para Alióna Ivánovna, a capa verde ao redor da espiga é o terno do milho.

E quando a vovó me faz mergulhar as mãos numa bacia de amoras para esmagá-las como a argila malemolente das aulas de Educação Artística com as professoras Cleide e Regina, lá pelos idos de 1988?

Tomates embebidos num molho de repolho, salsinha e orégano; pepinos e picles recheados com berinjela e cenoura bem raladinha; beterrabas amorfas e quase pretas de tão roxas ao lado de batatas pálidas e cabeças de alho solenes que mais parecem os bulbos das igrejas ortodoxas.

Súbito, Alióna Ivánovna aponta com o dedo todo curvado pelo reumatismo – é como se o indicador direito da *babuchka* tivesse uma corcova – para uma barraca com várias garrafas de plástico repletas de um líquido bem dourado.

– Se eu lhe dissesse que aquele óleo de girassol é o mais puro mel, jovem, você não acabaria comprando gato por lebre?

Mal tenho tempo de sorrir, uma vez que a vovó já abriu a tampa de um pote de açafrão com um cheiro ao mesmo tempo incisivo e apaziguador. Ela me pergunta, então, de forma inusitada, se eu já estive no Saara. Por um acaso, há pouco mais de 6 meses, eu singrei o Saara egípcio, nas imediações da Cidade do Cairo, a bordo de um camelo.

– Então me diga, jovem, se você não consegue imaginar um deserto de dunas e mais dunas desse açafrão amarelo e denso, como se ele fosse o irmão do meio entre a areia e a terra?

Quando faço menção de perguntar para a vovó Ivánovna se ela já pensou em escrever poesias com seu panteísmo colorido e sinestésico, ela despeja uma profusão de sementes e amendoins em minhas mãos emergencialmente abertas em concha.

– Eu já trabalho neste mercado há mais de 50 anos, jovem. Para você, que passa por aqui como um nômade, há apenas dois ou três tons de marrom. Mas eu sei dizer se o amendoim está fresco ou não pela intensidade de sua cor e pela textura de sua casca; quanto às sementes, se elas não resistirem ao teste de uma leve dentada – a *babuchka* posiciona uma semente entre os caninos e lhe impõe certa pressão –, é preciso devolver ao útero da terra os rebentos que não conseguiram vingar.

Chega a hora do batalhão de nabos e rabanetes. De tão bojudos, alguns deles mais parecem chocalhos, e Alióna Ivánovna não se furta em chacoalhá-los, ritmicamente, como se fosse percussionista da banda caribenha *Las babuchkas de Rostov*.

Em seguida, em meio à mistura tresloucada de alhos com bugalhos, despontam as tâmaras. Antes de ir a Israel, eu nunca provara uma tâmara, essa verdadeira cápsula de açúcar, iguaria que me parece um bombom do deserto. Contra o meu deleite, no entanto, a *babuchka* sentencia que o corpo abaulado (e como que pisoteado) da tâmara lhe dá a forma de uma barata.

E que dizer dos limões russos radicalmente amarelos que mais parecem filhotes do Sol? (Danada e casamenteira como ela só, Alióna Ivánovna me sussurra que os bicos dos limões parecem tão intumescidos quanto os mamilos da bela feirante – de cabelos bem pretos e lisos como a crina de um cavalo – que não tira os olhos de mim desde que eu cheguei à barraca.)

Quando chega a hora e a vez dos doces multicoloridos, eu pareço ouvir a pergunta do palhaço de minha infância:

– E hoje tem marmelada?

– Tem, sim, senhor! – exclama Alióna Ivánovna já munida de um saco de marmeladas quadriculadas com todas as cores do arco-íris.

Biscoitinhos com geleia; roscas e bombas de chocolate; tortas de nata; pastéis, entre delgados e bojudos, com creme de limão; bolachas secas, crispadas de açúcar, e bolachas com recheio de avelã; bolachas amorfas que, mesmo no verão calorento de Rostov, parecem polvilhadas com a neve russa; doces compactos como tijolos e de nomes impronunciáveis – verdadeiros queijos de açúcar.

Quando a *babuchka* me oferece um *cherbet*, eu me sinto em casa.

ALIÓNA IVÁNOVNA: Você já tinha provado o *cherbet*?

EU: Em Novosibirsk, *babuchka*, ele não é tão doce como o daqui.

Rostov-sobre-o-Don fica a mil quilômetros ao sul de Moscou, onde o *Diário de um escritor na Rússia* começou a ser escrito. Como um tapete voador, o *cherbet* me leva de volta ao Mercado Central de Novosibirsk, capital da Sibéria Ocidental, cidade que fica a mais de 3 mil km a leste do Mercado Central de Rostov-sobre-o-Don.

Conto para a *babuchka* de Rostov que, há pouco menos de 1 ano, em agosto de 2017, uma *babuchka* de Novosibirsk, também com os cabelos bem brancos (só que envoltos por um lenço vermelho), me ofereceu o *cherbet*, uma espécie de alfajor feito com frutas secas moídas e sementes de girassol, nozes, mel e gergelim.

Enquanto conversamos, os olhos da senhora Olga Titova (a *babuchka* de Novosibirsk) vão ficando marejados. Quando lhe pergunto se está tudo bem, ela saca do bolso do avental um pequeno porta-retrato dourado com uma foto de um jovem fardado – um rapaz de olhos estreitos e lábios finos, testa ampla e nariz grande e vigoroso.

– Este é Oleg, meu marido: ele se parece com você.

– E onde ele está agora, dona Olga?

Ela aperta minhas mãos antes de dizer que o soldado Oleg Tchernov foi um dos 20 milhões de soviéticos ceifados pela Segunda Guerra Mundial.

– Vá ao Museu Ferroviário de Novosibirsk – faça isso por mim. Lá você vai ver o vagão-hospital onde meu Oleg morreu – ele não suportou a amputação de uma perna sem anestesia. Боже мой! (*Boje mói!* Meu Deus!)

Ao se despedir, a senhora Titova afaga meu rosto e, em seguida, me dá um *cherbet*.

– Este é o doce favorito do Oleg – ele vai ficar contente com o presente. До свидания! (*Do svidania!* Até mais ver!)

Logo em seguida, vou até o Museu Ferroviário de Novosibirsk e encontro o vagão-hospital.

Quem caminha pelo vagão silencioso, entre as macas e os instrumentos médicos perfilados, precisa se esforçar para imaginar que as cirurgias traumáticas aqui realizadas implicavam a vida e a morte imediatas dos soldados mutilados após o inferno do *front*. Com sorte, doses minguadas de vodca anestesiavam as amputações – no mais, salve-se quem puder!

E eis que os médicos, enfermeiras e moribundos do vagão-hospital transpassado por agonia e sangue eram vigiados por retratos do líder soviético Ióssif Stálin, mentor de julgamentos políticos que resultaram em milhões de execuções e expurgos para campos de trabalho forçado espraiados pelos confins da Sibéria.

Sem ter como tranquilizar os soldados trêmulos antes das amputações com serras, facas e machados, as enfermeiras só faziam apelar ao terror e à devoção que Stálin inspirava para (tentar) aplacar os gritos e uivos:

– Aguente firme, vamos! Porte-se bem, soldado: Stálin está vendo você!

A *babuchka* Alióna Ivánovna fica com os olhinhos marejados – as frestas se transformam em pequenos lagos – ao ouvir a história de Olga Titova e Oleg Tchernov. (A vovó não me diz nada, mas é bem possível que ela mesma, como ocorre na maioria das famílias russas, tenha perdido alguém em meio à guerra.)

Para resgatá-la da tristeza e da saudade incontornáveis, eu me lembro de uma segunda história siberiana – dessa vez, proveniente das imediações da aldeia de Listvianka, que fica a mais de 1.900 km a leste de Novosibirsk, onde estive pouco menos de duas semanas antes de chegar ao mercado em que acabei conhecendo a senhora Olga Titova.

Peço à *babuchka* Alióna Ivánovna que me acompanhe em minha narrativa a bordo do Grande Expresso Transiberiano.

Da janela da minha cabine no trem, vejo a sucessão vertiginosa de estepes entremeadas pela taiga, a floresta siberiana de coníferas que mais parece um pelotão perfilado. Logo desponta uma casinha rústica de madeira, em frente da qual um velho de cabelos e barbas bem brancos parte a lenha e limpa o suor do rosto com um lenço amarelo amarrado ao redor do punho. E eis que a jovem Nástia, a funcionária do trem que cuida das cabines, nota que não consigo tirar os olhos da sucessão infinda das estepes. Ela pede, então, que eu imagine a vastidão siberiana recoberta de neve no ápice do inverno. Quando faço menção de ficar boquiaberto, Nástia saca uma garrafa de vodca de não sei onde e me diz:

– Para nós, os russos siberianos, 40 quilômetros, 40 graus abaixo de zero e 40% de teor alcoólico não são nada – absolutamente nada!

Nástia enche dois copinhos e, antes de decretar que precisamos entorná-los em um só trago, ela sentencia:

– На здоровье! (*Na zdorovie,* saúde!)

Súbito, o Grande Expresso Transiberiano passa a margear o lago Baikal, e Nástia me revela, entre tragos e soluços, que "o Baikal é o mais antigo e profundo lago da Terra, com 25 milhões de anos e 1680 metros de profundidade. Há quem diga que o Baikal é um oceano nascente, já que suas margens crescem 2 centímetros por ano". (Nástia me mostra as unhas e as pontas dos cabelos como parâmetros para a expansão do gigante Baikal.)

Descemos do trem e vamos até as margens. Eis que vejo a pequena Sacha a olhar, sucessivamente, de sua bailarina que dança impulsionada por uma manivela para o vaivém das marolas do Baikal. Súbito, Sacha pergunta para a mãe:

– Quando acaba a corda, a bailarina para de dançar, né, mamãe?

– É isso mesmo, querida.

Sacha volta a olhar para as marolas do Baikal. Súbito, ela pergunta:

– E quando vai acabar a corda do lago, mamãe?[1]

---

1. Parte deste escrito compôs o meu texto "Rússia: Uma volta ao passado", publicado em 30/09/17 no caderno literário "Aliás", do jornal *O Estado de S. Paulo.*

A BORDO DO TREM QUE VAI DE ROSTOV-SOBRE-O-DON A SOTCHI

Boris Pasternak pergunta à história: Pode o coração ser uma célula revolucionária?

Entre Rostov-sobre-o-Don e
Sotchi, 08 de julho de 2018

Ourives da palavra e escultor de imagens poéticas em meio à prosa, o escritor russo Boris Pasternak ressoa em sua obra-prima *Doutor Jivago* a máxima dostoievskiana segundo a qual a beleza salvará o mundo. Munido de um profundo panteísmo, Pasternak celebra o encantamento diante da natureza como a crisálida das metáforas. Assim, o narrador/eu-lírico de *Doutor Jivago* recita que "observar o rio fazia doer os olhos. As águas ondulavam e refletiam a luz do sol como folhas de metal". O lago, por sua vez, "estava repleto de nenúfares. O barco cortou essa massa vegetal com um barulho seco. A água surgia no meio da folhagem aquática como o suco no triângulo talhado da melancia"[1].

1. Boris Pasternak, *Doutor Jivago.* Tradução de Sônia Branco. São Paulo: Companhia das Letras, p. 17; p. 25.

E que dizer da precocidade poética do menino Iúri Jivago, quando ele sente que "o odor do carvão usado para ferver o samovar" abafa "o cheiro de tabaco e o perfume dos girassóis" enquanto o chá é servido? Estamos diante do mesmo ímpeto sinestésico que descobre "um odor adstringente de nozes frescas em cascas verdes ainda macias, que escurecem ao menor toque", sinestesia que entrevê a paralisia dos flocos de neve no ar, flocos que descem tão lentamente "como o miolo do pão atirado na água para alimentar os peixes"[2].

Se a ourivesaria poética de *Doutor Jivago* exalta, em cada uma de suas linhas/versos, a beleza que salvará o mundo, precisamos descobrir se o mundo – isto é, a história com a qual o romance se funde e se confunde – conseguirá salvar a beleza.

Desde a mais tenra infância até seus últimos momentos em um bonde moscovita; desde que se reconhece como poeta e começa a amar a bela e intensa Larissa Fiódorovna com todas as fímbrias de seu lirismo, a vida de Iúri Jivago se vê afetada pelos grandes eventos históricos que acabam por plasmar o transcurso ulterior da Rússia e do século XX: a tentativa revolucionária de derrubar a monarquia tsarista em 1905; a Primeira Guerra Mundial; a queda do tsar, em fevereiro de 1917, e a tomada do poder pelos bolcheviques capitaneados por Vladímir Lênin, oito meses depois; a encarniçada guerra civil que contrapõe os russos vermelhos e revolucionários aos russos brancos, constituídos por um amálgama sumamente heterogêneo de partidários do tsar e defensores do governo constitucional instaurado em fevereiro de 1917, tropas inglesas e francesas, tchecas e polonesas, estadunidenses e japonesas; a coletivização forçada das propriedades rurais, o saque e a pilhagem da produção agrícola pelo governo revolucionário e a fome no

2. Idem, p. 15; p. 69; p. 238.

campo; as execuções de (supostos) contrarrevolucionários e sabotadores e os expurgos para campos de trabalhos forçados sob a ditadura do líder soviético Ióssif Stálin.

Em um momento de radical entrelaçamento entre vida e história, o médico Iúri Jivago caminha - ou, melhor, se esgueira - pelas ruas de uma Moscou transpassada pelas barricadas de vermelhos e brancos em meio à guerra civil. Súbito (e como se fosse uma miragem), surge um jornaleiro - um menino de bochechas coradas sob uma boina surrada - e lhe vende uma

> edição especial, impressa apenas de um lado da folha, que continha um comunicado do governo de Petersburgo anunciando a criação do Conselho de Comissários do Povo e a instauração na Rússia do poder soviético e da ditadura do proletariado. A chuva açoitava-lhe os olhos, e grãos cinzentos de neve recobriam as linhas impressas do jornal. Mas não era isso que atrapalhava a leitura. A grandiosidade e a eternidade daquele instante o abalavam e o impediam de voltar a si. É a história. Acontece uma vez na vida[3].

Ocorre que, com suas origens pequeno-burguesas, Iúri Jivago e Larissa Fiódorovna logo descobrem que o autoproclamado Éden do proletariado tem outros planos para o destino de seu amor. Munida de baioneta, a história cinde a comunhão de Larissa e Iúri com a crueldade de suas engrenagens. Com a pecha de potenciais inimigos do povo e da revolução, Iúri e Larissa se refugiam em um rincão gélido da Sibéria para escapar ao fuzilamento sumário. Ora, é radicalmente sintomática a mensagem subliminar de Pasternak: se o coração é uma célula revolucionária, que utopia e que novo tempo histórico são esses que não conseguem acalentar em seu seio a comunhão de um casal apaixonado?

---

3. Idem, p. 209.

A publicação de *Doutor Jivago* em Milão, em 1957, transforma Boris Pasternak em traidor da pátria soviética. Em meio às disputas político-culturais da Guerra Fria, Pasternak é coagido pelo governo da URSS a recusar o Nobel de Literatura com que a Academia Sueca o agraciara em 1958, do contrário o escritor teria que abandonar o país imediatamente. Ao fim e ao cabo, Pasternak só aceita o exílio interno em Peredelkino, região próxima a Moscou, por não conceber a vida fora de sua única e verdadeira pátria, a grande literatura russa[4].

---

4. Este escrito compôs o meu texto "Jivago, uma crítica aos rumos da revolução", publicado em 06/01/18 no caderno literário "Aliás", do jornal *O Estado de S. Paulo.*

Datcha do ditador soviético Ióssif Stálin (1878-1953) em Sotchi, às margens do Mar Negro

SOTCHI – KM 3353

[AO SUL DE MOSCOU E DE ROSTOV-SOBRE-O-DON;
A SUDOESTE DE NÍJNI NOVGOROD, KAZAN, SARANSK,
SAMARA E VOLGOGRADO (STALINGRADO)]

Quando o cume prenuncia a vertigem da queda: Uruguai e Brasil; Napoleão, Hitler e Stálin

Sotchi, 09 de julho de 2018

Quem poderá negar que a participação em uma Copa do Mundo representa o ápice da carreira de um jogador de futebol?

Ninguém deixaria de agarrar tal oportunidade com unhas e dentes.

Mas e quando o cume prenuncia a vertigem da queda?

Há três dias, em jogo válido pelas quartas de final da Copa do Mundo, o Uruguai foi derrotado pela França, em Níjni Novgorod, por 2 a 0.

No mesmo dia, só que em Samara, o Brasil foi derrotado pela Bélgica, por 2 a 1, em jogo também válido pelas quartas do Mundial.

Além de estarmos diante da eliminação de dois campeões mundiais sul-americanos por equipes europeias, as quedas de Uruguai e Brasil envolvem outra confluência – mais tensa e essencial: os gols que, ao fim e ao cabo, foram decisivos para o desenlace das partidas decorreram de falhas de jogadores dos próprios times eliminados.

Já no segundo tempo, o Uruguai perdia por 1 a 0, mas, ainda assim, procurava agredir a França com raça. O 1 a 1 teria levado o jogo para a prorrogação ou mesmo para os pênaltis.

O gol brasileiro parecia maduro já antes dos 20 minutos do primeiro tempo, tamanha a voracidade com que atacávamos os belgas.

Aos 15 minutos do segundo tempo, o francês Griezmann disparou um chute perfeitamente defensável de fora da área, mas o goleiro uruguaio Muslera, como se tivesse mãos de alface, engoliu um frango clamoroso.

Aos 8 minutos do primeiro tempo, o zagueiro Thiago Silva enfiou uma bola na trave belga (bola na trave não altera o placar); 5 minutos depois, no entanto, após escanteio venenoso cobrado pelo belga Chadli, Kompany desviou a bola no primeiro pau; na sequência, a pelota bateu no braço do meia brasileiro Fernandinho e, por um baita golpe de azar, foi morrer no fundo das redes da nossa seleção. Gol contra.

Autor de *Massa e poder*, o escritor judeu de origem búlgara Elias Canetti[1] bem poderia sentenciar que a psicologia de massas é tão implacável quanto tangível: o erro fatal do goleiro uruguaio se alastrou pelo desempenho pífio de seus companheiros de time como uma epidemia. Após o frango, o jogo acabou para o Uruguai.

O Brasil sentiu o gol precoce (e injusto) dos belgas (isto é, de Fernandinho), mas continuou atacando o adversário. Até então, nossa seleção jamais saíra perdendo no Mundial da Rússia – tal fato, a despeito da experiência dos jogadores, bem pode gerar ansiedade em uma partida das quartas. Ocorre que, na sanha de empatar o marcador, o Brasil comandado pelo conservador (isto é, retranqueiro) técnico Tite cedeu contra-ataques aos belgas. Num

---

1. Elias Canetti, *Massa e poder*. Tradução de Sérgio Tellaroli. São Paulo: Companhia das Letras, 1995.

deles, aos 30 minutos do mesmo primeiro tempo, a Bélgica abriu 2 a 0 num belo chute cruzado de fora da área disparado por De Bruyne.

Como era de se esperar, o Brasil pressionou a Bélgica durante todo o segundo tempo. Aos 30 minutos, Philippe Coutinho cruzou uma bola açucarada para Renato Augusto, que, de cabeça e no cantinho, desviou dos mais de 2 metros do goleirão belga Courtois: 2 a 1.

Cinco minutos depois, o mesmo Renato Augusto, frente a frente com um Courtois já rendido, perdeu um gol feito da entrada da grande área – se não tivesse passado a 20 centímetros (se tanto) da trave adversária, a bola rasteira e caprichosa teria empatado o jogo.

Sem o frango do goleiro Muslera, o Uruguai poderia ter empatado a partida com a França; sem o frango do goleiro Muslera, o Uruguai poderia ter virado a partida em cima da França; sem o frango do goleiro Muslera, o Uruguai poderia ter eliminado a França e chegado à semifinal – a taça do tricampeonato mundial (1930; 1950; 2018) estaria a um triz das mãos de Muslera, as mesmas mãos de alface que propiciaram o frango.

Sem a fatalidade do gol contra do meia Fernandinho, o Brasil não teria saído atrás contra a Bélgica; sem a fatalidade do gol contra do meia Fernandinho, o Brasil não teria se exposto aos contra-ataques belgas e tomado a pá de cal do segundo gol; sem a fatalidade do gol contra do meia Fernandinho, o Brasil poderia ter eliminado a Bélgica e chegado à semifinal – a taça do hexacampeonato mundial (1958; 1962; 1970; 1994; 2002; 2018) estaria a um triz do braço direito de Fernandinho, o mesmo braço que propiciou o gol contra.

Os milhões de euros (e/ou de liras) que Muslera ganha anualmente defendendo a meta do Galatasaray, da Turquia, podem até dourar a pílula do frango. Mas o caráter culposo do frango vai rondar o goleiro uruguaio como um espectro doloso até o fim de sua carreira – a bem dizer, até o fim de seus dias. Muslera poderá ganhar todos os títulos imagináveis daqui para diante – a sucessão de taças tentará soterrar a latência da memória. Mas, ainda que o Uruguai venha a se tornar tricampeão mundial em 2022, no Catar, com Muslera à frente de sua meta, a Celeste já poderia ser tetracampeã. (Assim insinuarão os olhares dúbios que pairarão sobre Muslera a partir de agora; é isso que Muslera passará a escutar, à revelia de todas as suas vitórias, quando se envolver em discussões e brigas.)

Os milhões de libras esterlinas (e/ou de dólares) que Fernandinho ganha anualmente jogando no meio-campo do Manchester City, da Inglaterra, podem até dourar a pílula do gol contra. Mas o caráter culposo do gol contra vai rondar o meia brasileiro como um espectro doloso até o fim de sua carreira – a bem dizer, até o fim de seus dias. Fernandinho poderá ganhar todos os títulos imagináveis daqui para diante – a sucessão de taças tentará soterrar a latência da memória. Mas, ainda que o Brasil venha a se tornar hexacampeão mundial em 2022, no Catar, com Fernandinho em nosso meio-campo, a seleção Canarinho já poderia ser heptacampeã. (Assim insinuarão os olhares dúbios que pairarão sobre Fernandinho a partir de agora; é isso que Fernandinho passará a escutar, à revelia de todas as suas vitórias, quando se envolver em discussões e brigas.)

Muslera e Fernadinho terão o apoio e o consolo mais do que devidos de seus entes queridos, amigos verdadeiros e torcedores sinceros.

Muslera e Fernandinho jamais teriam cometido suas falhas se não tivessem sido convocados para a Copa do Mundo da Rússia e se não tivessem alcançado o auge de suas carreiras – conquistas que jamais despontarão para os ressentidos que, para aplacar a mais rematada inveja, só farão criticá-los a partir de agora.

Ninguém deixaria de agarrar a oportunidade de Muslera e Fernandinho com unhas e dentes.

Ainda assim, o sumo infortúnio do goleiro uruguaio e do meia brasileiro não nos pode mostrar o paradoxo do cume que prenuncia a vertigem da queda?

A sina de Muslera e Fernandinho, no campo de futebol, lembra a sina do generalíssimo Napoleão Bonaparte, no campo de batalha.

Consta que, após a derrota clamorosa para os russos – decorrente da invasão frustrada da Rússia pelas tropas francesas entre 1812 e 1814 –, Napoleão Bonaparte não vê outra saída senão o suicídio.

O generalíssimo já galgara todos os postos e já pisara sobre todas as cabeças.

Ainda assim, não foram as vitórias incontestáveis que desvelaram a Napoleão a contingência e a fragilidade que aproximam o cume da queda. Foi a derrota irredimível que, ao fim e ao cabo, revelou ao imperador que a ascensão vertiginosa está umbilicalmente irmanada ao beco sem saída daquele que já não pode mais cair sem ter que se ajoelhar.

O senhor se vê aguilhoado a seus escravos.

A genealogia de Bonaparte remonta à pequena nobreza córsega, isto é, ao baixo clero do baixo clero da nobreza europeia. Assim, a ascensão vertiginosa do então jovem segundo tenente aos quadros máximos *de la Patrie* após a Revolução Francesa também pode se relacionar, sub-repticiamente, a feridas e ressentimentos de classe que, quando ardem em espíritos sedentos por poder e distinção, fustigam o dorso da vontade para que ela alce voos sempre mais altos.

Nesse sentido, a vitória e a desforra finais só se consumariam quando Napoleão tivesse varrido da Europa todo o alto clero da nobreza, em especial o nobilíssimo Alexandre I, Tsar de Todas as Rússias.

Nesse mesmo sentido, será que o cabo austríaco e conquistador da Europa Adolf Hitler teria invadido a União Soviética se o segundo tenente imperial Napoleão Bonaparte tivesse desbancado o tsar Alexandre I?

Nesse mesmíssimo sentido, será que o filho de sapateiro georgiano e Tsar do Partido Comunista de Todas as Rússias Ióssif Stálin teria expandido a Cortina de Ferro até Berlim se Alexandre I não tivesse levado suas tropas até Paris após desbancar Napoleão?

A BORDO DO AVIÃO QUE VAI DE SOTCHI A KALININGRADO (KÖNIGSBERG)

Ser e não ser, eis a resposta (e a sentença) de Stálin

Entre Sotchi e Kaliningrado
(Königsberg), 10 de julho de 2018

Nas últimas 3 horas de viagem, o trem que me leva de Rostov-sobre-o-Don a Sotchi vai margeando as praias de areia escura e pedras polimorfas do Mar Negro.

Por vezes, os gritos efusivos da criançada a se esbaldar na água tensionam a cadência monocórdia do trem pelas infindáveis bitolas do trilho.

Sem ser polvilhado por nuvens e de vez em quando singrado por gaivotas, o céu de um azul claríssimo contrasta com as águas escuras e brilhantes como o dorso de uma pantera.

Súbito, o Mar Negro caucasiano, outrora balneário dos líderes soviéticos, me remete a uma colocação do argentino Jorge Luis Borges sobre a luta de classes que o mar anima (e naufraga) em seu bojo.

Em sua imensidão somente comparável à virtual infinitude do horizonte, o mar não poderia ser mais rico.

Em sua monotonia de formigueiro composta por marolas e marés sempre idênticas e reiteradas, o mar não poderia ser mais pobre.

Do outro lado do trilho, uma vegetação densa e cerrada transforma o Cáucaso na Mata Atlântica da minha adolescência que entremeava as descidas para o litoral sul de São Paulo. (Só faltam as chaminés fosforescentes de Cubatão e os caiçaras vivazes vendendo espetinhos de siri.)

Mal chego a Sotchi e já me dirijo à *datcha* (casa de veraneio) em que o ditador Ióssif Stálin costumava passar os meses de agosto, setembro e outubro.

Segundo o caucasiano Oleg, que trabalha na manutenção da *datcha* há mais de 15 anos, Stálin tinha à sua disposição 17 casas de veraneio, mas o bolchevique só chegou a viver efetivamente em 5 delas: duas na hoje República Autônoma da Abecásia, ao norte da Geórgia (uma delas, por sinal, banhada pelo lago Ritsa); duas em Moscou; e (Oleg fala com orgulho) "esta *datcha* aqui em Sotchi, a maior e mais bonita de todas".

Quem chega ao jardim frondoso da *datcha* se vê circundado (ou, melhor, enquadrado) por quatro arestas de uma casa de dois andares e tom verde suave. É como se, através das numerosas janelas com entalhes de madeira, Stálin quisesse entrever (e capturar) a chegada de quaisquer visitantes/potenciais invasores.

Girassóis sumamente amarelos e convidativos – será que Stálin convenceu/coagiu o pintor holandês Vincent Van Gogh a se filiar ao Partido Comunista? – se veem entremeados por arbustos bem podados, pequenas flores róseas e esbranquiçadas, com pétalas suaves a serem levadas pela brisa, e árvores altivas e sem galhos, encimadas por folhas longilíneas e pontiagudas como as lâminas de uma tesoura – ou de um punhal georgiano da juventude de Stálin, quando o bolchevique costumava roubar (isto é, expropriar) bancos para a causa da revolução. [Consta que, entre uma baforada e outra de seus onipresentes cachimbos, Stálin deu boas risadas sob seu vasto bigode quando seus oniscientes canais de (contra)espionagem o informaram de uma máxima forjada pelo poeta e dramaturgo alemão Bertolt Brecht: "O que é o crime de assaltar um banco comparado com o crime de fundar um banco?"[1].]

Diz Oleg que Stálin, como rematado caucasiano, gostava de caçar ursos pelo amplo perímetro da *datcha*. Ademais, o ditador apreciava alimentar pequenos esquilos que deslizavam até a varanda traseira da casa de veraneio pelos galhos de enormes árvores ali postadas como sentinelas.

Quando entro na primeira ala da *datcha*, deparo com um tapete (persa?) bem vermelho e repleto de ornamentos ladeado por paredes revestidas de madeira (e forradas de escutas?). Acarpetada, a escada conduzida por um corrimão bojudo desemboca em uma sala de jantar/reuniões ao centro da qual se posta uma mesa retangular para 10 gerontocratas soviéticos. Pairando sobre a mesa, retratos de Stálin, invariavelmente fardado com seu uniforme de marechal, sentenciam que o líder era na verdade uma Ideia - a bem dizer, uma Instituição:

- O Estado (e o Gulag siberiano) sou eu.

As cicatrizes de varíola que salpicavam o rosto do bolchevique eram esteticamente removidas de todos e quaisquer retratos, e Stálin, qual um avô charmoso, recebia tons de grisalho pelos cabelos e bigode pretos para que a idade inspirasse um caráter (ainda) mais sábio e visionário a seu olhar via de regra longínquo.

Em uma sala ao lado, através de cuja cortina semitranslúcida a luz penetra com vagar (e temor), duas cadeiras de vime se postam diante de um enorme tabuleiro de xadrez, com peças megalômanas que mais parecem anões. A cavalaria das peças negras, a mando de Stálin, já se prepara para dar o bote na rainha/tsarina.

---

1. Bertolt Brecht, "A ópera de três vinténs". In: *Teatro completo*. Volume 3. Tradução de Wolfgang Bader e Marcos Roma Santa. São Paulo: Paz e Terra, 1992, p. 11.

Por ora (mas não por muito tempo), o rei/tsar ainda recebe as bênçãos e os consolos tão tranquilizadores quanto impotentes de seu bispo. (Mal sabem eles que até os peões bolcheviques já estão prontos para o ataque.)

Diz Oleg que Stálin jamais perdeu uma partida de xadrez. (Alguém consegue imaginar que o ditador que dizimou toda a liderança da Revolução de 1917 e escravizou/expurgou milhões de inocentes aceitaria, de bom grado, um xeque-mate?)

Quando descemos alguns lances algo labirínticos de escada e chegamos à piscina aquecida de Stálin, começo a entreouvir vozes em acalorada discussão através das frestas das janelas de madeira cerradas.

As vozes algo roucas porém enérgicas parecem vir de dois velhos sentados em algum banco do pequeno jardim que há atrás da *datcha*.

– Ora, Mikhail Serguêievitch, deixe de asneiras – pare de referendar a propaganda dos Estados Unidos: nós dois sabemos que Stálin foi uma personagem histórica sumamente trágica.

– Que o digam seus milhões e milhões de vítimas inocentes, Vladímir Vladímirovitch!

– Mas que bela alma você tem, não? Então me diga, meu bom samaritano: quando é que a história chegou a cozinhar omeletes sem quebrar ovos?

– Seu argumento é bem perigoso, Vladímir Vladímirovitch: com ele você acaba legitimando todas e quaisquer barbaridades como se elas tivessem sido a única opção – a bem dizer, como se elas tivessem sido radicalmente necessárias. Assim, o fuzilamento da elite revolucionária e o cerceamento das artes; a coletivização forçada das propriedades agrícolas e a inanição no campo; os expurgos e os campos de trabalhos forçados – todos esses ovos da serpente, segundo a sua (pato)lógica, tiveram que ser chocados pelo stalinismo. Com isso, minha cara viúva de Stálin, a história se transforma em um processo unívoco e linear (uma verdadeira hagiografia), ao longo do qual as tendências que se mostraram hegemônicas determinam como concatenar (e legitimar) todos e cada um dos eventos passados.

– Mas veja só, Mikhail Serguêievitch, sua bela alma assume traços praticamente angelicais. É como se, para você, a história fosse um processo realmente repleto de contingências, aberturas e possibilidades – mas que coisa sublime, meu caro! Até parece que os interesses mais sórdidos, covardes e mesquinhos não têm movido a história desde que o primeiro hominídeo descobriu que poderia transformar um fêmur de bisão em arma de guerra para submeter e pilhar mais e mais territórios. Ora, mas o que é que você queria? Que, após ter vencido a longa e sangrenta guerra civil que os partidários do tsar e as potências capitalistas estrangeiras moveram contra o nosso país socialista, Stálin quisesse pulverizar o poder entre a elite revolucionária para que a anarquia implodisse a União Soviética? Você prefere se embeber de ideias idílicas a se lembrar das lições que a história lega. Do contrário, você teria em mente que, aqui na Rússia, o espectro de Ivan, o Terrível – o tsar que assassinou seu próprio filho a conspirar pelo trono –, vem dando o tom para os duelos intestinos para a tomada e a manutenção do poder. Você e eu gostaríamos que as coisas não fossem dessa forma, não é mesmo? Ora, meu caro, venhamos e convenhamos: nossa idade bíblica já cruzou o Cabo da Boa Esperança para que nos iludamos em desviar os olhos dos horrores que a história impõe como balizas da realidade. Ademais, quando você menciona a coletivização forçada da agricultura e a fome no campo, os expurgos e os campos para trabalhos forçados, eu chego a sentir náusea, Mikhail Serguêievitch!

– Náusea era o que as vítimas do stalinismo sequer podiam sentir, Vladímir Vladímirovitch, tomadas pelo horror e pela prostração da completa impotência como elas estavam.

– Pois muito bem: sua defesa dos direitos civis e da democracia é realmente deslumbrante e comovente, Mikhail Serguêievitch. Qualquer um que olhasse para o Ocidente agora – a despeito da odiosa ofensiva da extrema direita xenófoba e racista na Europa e nos Estados Unidos – diria que a democracia liberal é o exemplo a ser seguido. Só que, se você escavar a história ocidental e alcançar seu subsolo e suas masmorras fétidos, vai encontrar o sistema colonial e a escravidão, a pirataria e a pilhagem como os antecedentes criminais da modernidade burguesa. E outra coisa: você acha que os antigos servos do feudalismo europeu, que acabaram expulsos de suas terrinhas ancestrais pela brutalidade dos latifúndios, sabiam o que era trabalhar em cidades no sentido capitalista? Os servos trabalhavam sazonalmente, eles aravam a terra segundo o metabolismo da semeadura e da colheita. Ocorre que a moderna indústria requer trabalho rotineiro e longevo, horas e mais horas de disciplina massacrante – e como é que você ensina tudo isso ao populacho rústico e ignaro senão sob a ponta do chicote e da baioneta? As plantas das indústrias originais, como você bem sabe, foram os moldes para os primeiros presídios: do alto de suas guaritas de vigilância, os capitães da indústria coagiam os servos reduzidos a proletários a aprender, de avós reumáticos a netinhos trêmulos, como e com quantos paus se faz uma canoa. Os europeus tiveram séculos de maturação para todo esse processo, Mikhail Serguêievitch – a introjeção imemorial de toda essa violência foi naturalizando (e abençoando) a barbárie como a reprodução mesma do cotidiano. Por séculos e séculos, amém! Aqui na nossa Rússia, porém, nós tivemos que dar um salto mortal e radicalmente abrupto do capitalismo feudal dos tsares, em

meio ao qual os camponeses analfabetos sequer sabiam o que era contar as horas do dia para além do ciclo do sol, para a moderna indústria da paz e, sobretudo, da guerra. Ora, se a agricultura não fosse coletivizada e se os grãos não fossem pilhados e entregues aos comissários do Partido, como é que os proletários da nossa indústria de base teriam sido alimentados? Sem a rapina do campo para o fortalecimento das cidades e sua pujança econômica, como é que levantaríamos as barricadas da nossa Revolução de Outubro contra os invasores estrangeiros durante a guerra civil e, 20 anos depois, contra os piratas fascistas? Por fim, meu caro, os artistas soviéticos precisavam entender que, se o homem e a mulher socialistas não existiam no presente (e nunca haviam existido na história), era preciso insuflar uma nova fé no povo após a morte de Deus. A arte precisava substituir a religião secular para a criação do mito de um novo ser humano abnegado e altruísta – e quem melhor do que os poetas e os escritores, os pintores e os escultores, os musicistas e os cineastas para encarnar o papel de sacerdotes sem Deus?

– Em verdade, em verdade eu lhe digo, Vladímir Vladímirovitch: com a sua (pato)lógica digna dos sofistas contra os quais o velho Sócrates se batia, sou capaz de dizer que, se fosse preciso justificar todas e cada uma das atrocidades de Hitler, você acabaria encontrando pressupostos e matizes para convencer até mesmo o diabo.

– Pois então saiba, Mikhail Serguêievitch, que o escritor e jornalista satírico Karl Kraus, cujo humor histórico-existencial era afiado como uma adaga, certa vez sentenciou que o diabo é um otimista se imagina que pode tornar os homens piores do que eles já são. Ademais, se fosse preciso encontrar justificativas para o facínora Adolf Hitler, não seria eu a fazê-lo, uma vez que nós dois, velhos soldados do Exército Vermelho, já teríamos sido asfixiados em câmaras de gás. Sendo assim, minha cara bela alma Mikhail Serguêievitch, em verdade, em verdade eu lhe digo: quando você se lembrar de que, em termos históricos, a subjugação de povos militarmente mais fracos, o estupro fruto do butim e a escravidão são os padrastos do crescei e multiplicai-vos que gerou o contato interétnico e a miscigenação; quando você tiver em mente que, sobre os escombros do odioso absolutismo monárquico, a guilhotina pariu a república e o direito constitucional modernos, será possível entender Stálin como uma personagem efetivamente trágica, para quem só restava submeter os inimigos poderosos e encarniçados à tortura da velha máxima de Hamlet: ser ou não ser, eis a questão? Não! Ser e não ser – eis a resposta (e a sentença) de Stálin.

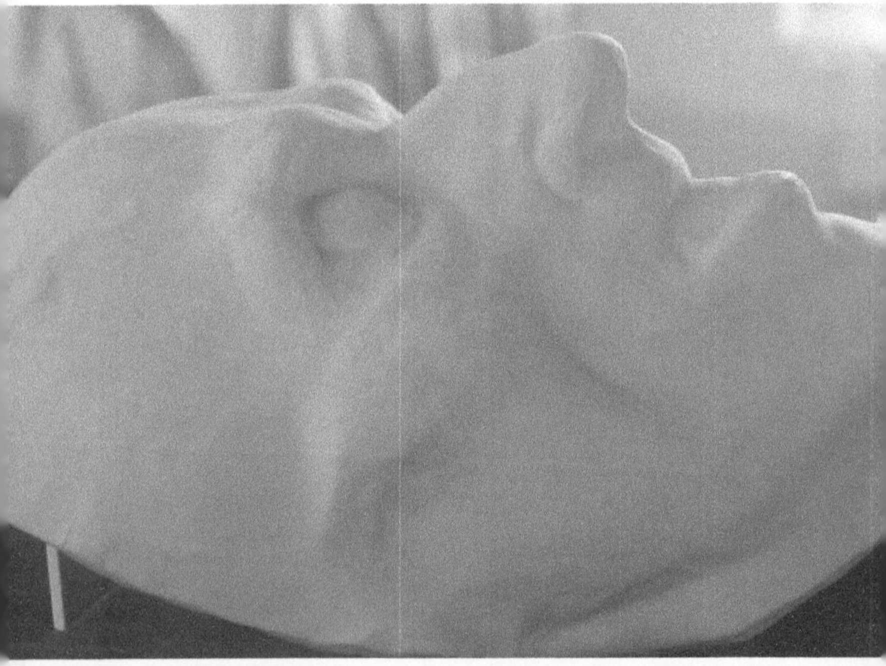

Máscara mortuária do filósofo alemão Immanuel Kant (1724-1804)

KALININGRADO (KÖNIGSBERG) – KM 5520

[A OESTE DE MOSCOU, NÍJNI NOVGOROD, KAZAN, SARANSK E SAMARA; A NOROESTE DE VOLGOGRADO (STALINGRADO), ROSTOV-SOBRE-O-DON E SOTCHI]

Narciso gosta de se mutilar: De *Crime e castigo* a crimes sem castigo

Kaliningrado (Königsberg), 11 de julho de 2018

I. CRIMES SEM CASTIGO

Protagonista do romance *Crime e castigo*, do russo Fiódor Dostoiévski, o ex-estudante de Direito/jovem intelectual niilista Ródion Raskólnikov bem apreende que sua época – tempos de pujança científico-industrial, tempos anticriacionistas de Charles Darwin – está matando Deus, a base transcendental sobre a qual haviam sido estruturados, histórica e ideologicamente, os princípios éticos da humanidade. Não à toa, o filósofo alemão Friedrich Nietzsche, leitor contumaz de Dostoiévski, nos narra, em *A gaia ciência*, a história de um

> homem louco que, em plena manhã, acendeu uma lanterna, correu até o mercado e se pôs a gritar incessantemente: "Procuro Deus! Procuro Deus!" (...) Conta-se também que no mesmo dia o homem louco irrompeu em várias igrejas e, em cada uma delas, entoou o seu *Requiem aeternam deo.* Levado para fora e interrogado, limitava-se a responder: "O que são ainda essas igrejas, se não os mausoléus e túmulos de Deus?"[1]

1. Friedrich Nietzsche, *A gaia ciência.* Tradução de Paulo César de Souza. São Paulo: Companhia das Letras, 2001, pp. 147-148.

Raskólnikov bem sabia que a suposta loucura da personagem nietzscheana sintetizava o espírito de sua época. Revogado, então, o Decálogo de Moisés, o cadáver de Deus só fazia apontar para a obsolescência de um de seus mandamentos pétreos: *Não matarás.* Afinal, o raciocínio niilista de Raskólnikov o leva a pensar que, se Deus não existe, tudo é permitido; assim, apenas a massa ordinária continuará a se aferrar, por séculos e séculos, amém, a princípios transcendentais putrefatos. Cabe aos seres extraordinários – prossegue o niilismo raskolnikoviano – sepultar de vez o anacronismo judaico-cristão para fundar uma época em que o homem (ou, melhor, o super-homem) se torne o centro e a medida de todas as coisas.

Quando lemos os livros do Velho Testamento, que característica da personalidade divina mais salta aos olhos?

> Urge dar vida por vida, olho por olho, dente por dente, mão por mão, pé por pé, queimadura por queimadura, ferida por ferida, golpe por golpe. Eu, o Senhor, teu Deus, sou um Deus zeloso, que castigo a iniquidade dos pais nos filhos, até a terceira e quarta gerações daqueles que me odeiam[2].

Ao nos lembrarmos da fúria de Deus que inunda suas criaturas com o dilúvio e dizima sem mais os habitantes de Sodoma e Gomorra, descobrimos que a divindade reserva unicamente para si o papel de carrasco. Ocorre que Kiríllov, personagem dostoievskiana de *Os demônios* e filho intelectual de Raskólnikov, só faz proclamar: "Se Deus não existe, então eu sou Deus. (...) Se Deus existe, então toda a vontade é Dele, e fora da vontade Dele nada posso. Se não existe, então toda a vontade é minha, e sou obrigado a proclamar o arbítrio"[3].

---

2. *Êxodo*, cap. 21, versículos 23 a 25; *Deuteronômio*, cap. 5, versículos 9 a 10.
3. Fiódor Dostoiévski, *Os demônios*. Tradução de Paulo Bezerra. São Paulo: Editora 34, 2004, p. 597.

A escatologia de Raskólnikov conclui, portanto, que a coroação do ego só estará completa quando a espada letal de Deus for desembainhada pela mão do super-homem.

Munido, então, de um machado, Raskólnikov vai à casa da usurária Aliόna Ivánovna, para quem o jovem empenhara as últimas quinquilharias de sua miséria. Chega o momento de a personagem realizar seu experimento niilista: com duas machadadas certeiras contra a têmpora do "piolho usurpador", Raskólnikov lança mão da terra arrasada moral que o anarconiilista alemão Max Stirner já defendera em sua obra *O único e a sua propriedade*:

> O que é divino é problema de Deus, o que é humano, problema do homem. Eu não me preocupo com o que é divino, humano, verdadeiro, bom, justo, livre etc., mas, unicamente, com o que é meu, e não se trata de algo genérico, mas de algo único, já que eu sou único. Nada significa mais para mim do que eu mesmo! (...) O que eu quiser, eu devo possuir e vou buscar. O que o homem conseguir amealhar lhe pertence: o mundo me pertence. O certo é aquilo que me convém[4].

Mas eis que, no momento em que Raskólnikov mata Aliόna Ivánovna, a irmã da velha usurária aparece no apartamento. Ora, é preciso proceder à queima de arquivo, meu caro, ossos do ofício niilista: o ventre de mais uma inocente é necessário para o parto do novo mundo. De um momento para o outro, o utilitarismo de Raskólnikov o transforma de ex-estudante de Direito/inquilino inadimplente em duplo homicida. [Pequenas empresas, grandes negócios: quando o microempreendedor Raskólnikov conseguir arregimentar niilistas suficientes para fundar uma seita política, tomar o poder e instaurar um regime de terror multinacional, o

---

4. Max Stirner, *O único e a sua propriedade*. Tradução de João Barrento. São Paulo: Martins Fontes, 2009, p. 171.

executivo soviético Ióssif Stálin lhe ensinará que uma única morte é uma tragédia; duas, uma decorrência; um milhão, material estatístico.]

Ocorre que, antes de desferir as machadadas, Raskólnikov ouviu as súplicas de suas vítimas, o jovem viu as contorções agônicas em seus rostos; enquanto aplicava os golpes, a personagem ainda pôde entreouvir o choro e o ranger de dentes, a suma dor do corpo que estrebucha e desfalece diante do carrasco. É assim que, após violar a fronteira do *Não matarás*, Raskólnikov se vê acossado pelo espectro da culpa e do remorso. [Não sabemos, ao certo, se o jovem sofre por causa de suas vítimas ou se ele padece pelo fato de sua vaidade lhe mostrar que, a despeito de seus ideais niilistas e grandiloquentes, Raskólnikov não consegue suportar o fardo de ter aspergido sangue alheio. Assim, o dostoievskiano em questão não seria, verdadeiramente, um super-homem para quem tudo é permitido, mas um cordeiro em pele de lobo, mais um membro da massa ordinária da qual ele antes tanto queria se apartar.]

Diante das agruras morais de Raskólnikov, o niilista romeno Emil Cioran, em sua obra *Lágrimas e santos*, passa a desancar tanto a personagem quanto o próprio Dostoiévski:

> Raskólnikov estava inquestionavelmente certo: de um lado, temos a massa que vive como um bando de autômatos de acordo com as leis da natureza; de outro, os eleitos para quem tudo é permitido, uma vez que eles expiam a vergonha da mediocridade da vida através da intensidade de suas próprias vidas. Mas por que Raskólnikov falha? Por que ele se vê consumido pelo remorso depois do crime? Seria possível que Dostoiévski temesse as consequências de seus próprios princípios? Ora, um homem

que enfrentou a morte já não pensa em quaisquer consequências. A falha de Raskólnikov nos leva à covardia de Dostoiévski[5].

Para Cioran (e Nietzsche), o niilista, muitas vezes, só está à altura de seu ato no momento do assassínio; pouco depois, a culpa já começa a consumi-lo até a medula. Dostoiévski, assim, teria retirado o gênio da modernidade niilista da lâmpada, mas, assombrado pelos desdobramentos de suas ideias – isto é, acossado pela vacuidade ética de sua época –, o escritor russo teria inoculado em sua personagem os bacilos anacrônicos do judaico-cristianismo que só fariam embotar Raskólnikov diante do vanguardismo de sua heresia. A covardia de Dostoiévski, então, diria respeito ao medo (e à culpa) de ter dado à luz um sentido de época que solaparia todas e quaisquer bases para a reciprocidade e a solidariedade humanas. Ao fim e ao cabo, os répteis só fariam devorar uns aos outros – levado às últimas consequências, o darwinismo social de Raskólnikov não traria tranquilidade nem mesmo aos poderosos, já que, leitores das lições de *O príncipe*, do florentino Nicolau Maquiavel, eles sabem que sequer o generalíssimo romano Júlio César está a salvo.

Ocorre que o devir da obra de Dostoiévski se encarrega de dar uma resposta a Cioran.

Raskólnikov concebe o assassínio e o executa. O protagonista de *Crime e castigo* formula o plano e suja as mãos de sangue. Tempos depois, em *Os irmãos Karamázov*, Dostoiévski[6] daria vazão àquilo que poderíamos chamar de divisão letal do trabalho: Ivan, o intelectual niilista, concebe a morte de seu pai, o bufão Fiódor

---

5. Emil Cioran, *Tears and Saints* (*Lágrimas e santos*). Tradução de Ilinca Zarifopol-Johnston. Chicago: The University of Chicago Press, 1995, p. 97. Fiz a tradução livre do trecho para o português.

6. Fiódor Dostoiévski, *Os irmãos Karamázov*. Tradução de Paulo Bezerra. São Paulo: Editora 34, 2012.

Karamázov; Smierdiakov, irmão de Ivan e filho bastardo de Fiódor, executará o parricídio. Membro da *intelligentsia* revolucionária, Ivan tem muito a perder se sujar as mãos de sangue; o reles serviçal Smierdiakov, por sua vez, é filho do estupro de sua mãe pelo pai Karamázov. Ora, a simbologia é inequívoca: se o Pai diluviano está morto, o pai estuprador não pode permanecer vivo. Sem ter o que perder a não ser os aguilhões de sua própria humilhação, Smierdiakov assassina o pai e, numa trama bastante ardilosa, ainda faz com que a culpa recaia sobre o irmão Dmítri Karamázov, que já alardeara aos quatro cantos a vontade de matar Fiódor Karamázov, uma vez que ambos disputavam, encarniçadamente, o amor de Grútchenka, uma das mulheres mais pungentes da obra de Dostoiévski.

É bem verdade que, ao fim, Ivan Karamázov fica louco, e Smierdiakov se enforca – novamente, a simbologia judaico-cristã em Dostoiévski é profunda: a razão niilista e utilitária de Ivan se esfacela; assim como Judas Iscariotes, o traidor de Cristo, Smierdiakov se enforca. O parricídio, então, acaba revertido contra si mesmo. De qualquer forma, a escatologia criativa de Dostoiévski, ao acompanhar os sentidos e ressentimentos de sua época, pôde levar às últimas consequências a ruptura do *Não matarás*: quando mentor e executor se tornam duas pessoas distintas, a cisão moral de Raskólnikov – em russo, *raskol* significa cisão – passa a ser administrada de maneira a minimizar o superaquecimento das máquinas e maximizar a produtividade.

Se lançarmos mão da escatologia criativa de Dostoiévski para aproximá-la de nossa própria época, teremos que alterar o título do romance de *Crime e castigo* para *Crimes sem castigo* em face dos ataques militares a reboque de *drones*.

Por improvável e exígua que fosse, ainda havia uma possibilidade de Aliόna Ivánovna e sua irmã escaparem das machadadas de Raskólnikov: os golpes poderiam errar o alvo, as vítimas poderiam se esquivar, o corpo do carrasco, radicalmente presente, poderia ser ferido de alguma maneira. É bem verdade que o homicídio concebido e executado pela personagem já pressupunha um forte princípio de alienação em relação ao outro – a alteridade, na verdade, não passava de um meio com vistas ao alcance de determinado fim. De qualquer forma, a reversão do assassínio como culpa – eis o castigo quintessencial em face do crime – revela um caráter empático entre algoz e vítimas.

Ora, ninguém escapa de um ataque de *drones*. Ataque matemático, ataque via satélite, ataque incólume – não há qualquer possibilidade de os mandantes ouvirem o choro e o ranger de dentes de suas vítimas –, ataque sem sobreviventes, ataque, potencialmente, sem ruínas, já que, com disparos e bombas cirúrgicos, tudo é destruído, tudo é pulverizado. Tende a zero, inclusive, o horror que, certa vez, o ex-presidente dos EUA Bill Clinton chamou de *collateral damage* – as vítimas inocentes que, não tendo relação com os verdadeiros alvos militares, se transformam em danos colaterais[7]. Já não há choro e ranger de dentes pelo fato de que quarteirões inteiros pulverizados por computador sequer apresentam testemunhas. (O pintor espanhol Pablo Picasso não conseguiria pintar *Guernica* após um ataque de *drones*.)

Em face da divisão letal do trabalho levada a cabo por Ivan Karamázov e Smierdiakov, Raskólnikov é um aprendiz de feiticeiro; em face de um ataque de *drones*, Ivan Karamázov e Smierdiakov são contratados, respectivamente, como engenheiro civil

---

7. A expressão bombardeada por Bill Clinton tem seu sentido desenvolvido no artigo "Collateral Damage: A Brief History of U.S. Mistakes at War" ("Danos colaterais: Uma breve história dos erros dos EUA nas guerras"), de James Griffiths, publicado em 07/10/15 no *site* da CNN. Eis o *link* para o texto: <*https://cnn.it/2D2srqP*>.

e pedreiro da empreiteira multinacional que encabeçará as obras de reconstrução da Síria após os exércitos estadunidense e russo terem devastado o país.

II. NARCISO GOSTA DE SE MUTILAR

E se o egoísmo, o utilitarismo e o hedonismo de Raskólnikov, Ivan Karamázov e Smierdiakov não representassem, inequivocamente, a maximização das satisfações pessoais? E se, sob a capa de sua volúpia, Narciso só ficasse escarafunchando suas feridas purulentas como que a conjuminar prazer e dor?

À primeira vista, a sociedade contemporânea, em sua monomania competitiva, é formada por sujeitos radicalmente cônscios da necessidade de exaltar as próprias capacidades para suplantar os demais. Os currículos que apresentamos em entrevistas de emprego parecem forjados pelo sarcasmo de Álvaro de Campos:

> Nunca conheci quem tivesse levado porrada.
> Todos os meus conhecidos têm sido campeões em tudo.
> (...)
> Toda a gente que eu conheço e que fala comigo
> Nunca teve um ato ridículo, nunca sofreu enxovalho,
> Nunca foi senão príncipe – todos eles príncipes – na vida...[8]

A melancolia cabisbaixa e o realismo profundo de Manuel Bandeira, quando o poeta suspira pela "vida inteira que podia ter sido e que não foi"[9], devem ser vedados a todo custo com tarjas pretas. (Raskólnikov e Ivan Karamázov se tornam executivos da indústria

---

8. Álvaro de Campos/Fernando Pessoa, "Poema em linha reta". In: *Fernando Pessoa: obra poética.* Rio de Janeiro: Nova Aguilar, 1972, p. 37.

9. Manuel Bandeira, "Pneumotórax". In: *Manuel Bandeira: poesia completa e prosa.* Rio de Janeiro: Nova Aguilar, 2009, p. 81.

farmacêutica.) Apresentar o *curriculum vitae* ao lado do *curriculum mortis* – isto é, vibrar com as conquistas muitas vezes frágeis e contingentes sem escamotear as reiteradas derrotas e frustrações – equivale a um *harakiri* profissional (e pessoal). É preciso vestir a camisa, é preciso ser pró-ativo, é preciso cumprir todos e cada um dos prazos que se sobrepõem como a imagem tangível da ansiedade e do desespero, é preciso trabalhar para (muito) além do horário, é preciso, ainda assim, ter o corpo esbelto (liquidez corpórea, liquidez laboral), é preciso se exercitar na academia como um prolongamento doloroso da alienação própria ao escritório. Questionar a cacofonia da vida inteiramente administrada já não pressupõe uma licença psiquiátrica – com a extinção da CLT e a degola do INSS, Narciso precisa gostar de se mutilar.

Se entrevíssemos a possibilidade de carreiras estáveis e bem-remuneradas, a autoflagelação da formiga ainda poderia se vangloriar diante da completa insegurança a que a vida tresloucada da cigarra se vê submetida. Ocorre que, por meio de uma total paródia da famosa fábula do francês Jean de La Fontaine, o turbocapitalismo radicalmente contemporâneo já não dá garantias ao sumo esforço da formiga, de modo que a contingência e a insegurança – as marcas da vida *hippie* da cigarra – também passam a assolar o formigueiro.

Ao invés de permitir a seus funcionários uma carreira prolongada e bem-planejada, as empresas transformam o risco e a instabilidade na segunda natureza do cotidiano profissional. Quando assalariados são chamados de colaboradores – à valorização simbólica corresponde a extinção de direitos trabalhistas –, nem mesmo a ironia cruel de Machado de Assis ousa engatilhar seu sorriso de canto de boca. Contratam-se colaboradores ou sócios – sujeitos monetários sem dinheiro, donos de empresas sem capital e meios de produção – por projetos: durante um determinado tempo – 6 meses, 1 ano ou, quando muito, 2 anos –, o empreendedor pode contar com seu salário. (Ou não...) Depois disso, se a idade útil lhe permitir, será preciso achar um novo emprego – ou, melhor, uma nova colocação (termo mais propício para retratar o caráter móvel e retrátil das pessoas administradas como coisas.)

Não à toa, a guerra de todos contra todos se acirra: pais perdem a autoridade sobre os filhos – a instabilidade econômica esgarça o manto da tradição –, o falo já não pode titubear, o clitóris intumescido se torna fálico, casais se divorciam (se é que alguma vez chegaram a se unir) e amizades se estilhaçam – afinal, qualquer prenúncio de intimidade tende a municiar potenciais competidores. Um velho provérbio árabe se transforma no mantra de Narciso: "Aquilo que o teu inimigo não puder saber, não o digas ao amigo"[10].

Em um contexto de radical solapamento da base de reprodução social da vida, não nos deve assustar que o conglomerado midiático-ideológico alce o nível de exigências narcísicas a patamares estratosféricos (formação irretocável, corpos esbeltos, pele, dentes e cabelos imaculados), na mesma medida em que Narciso Raskólnikov Karamázov, para prolongar a sociopatologia de seu narcisismo, precisa gostar de se mutilar (nesse caso, indícios de inadequação e depressão não seriam sintomas de sanidade?). É quando Eros e Tânatos, prazer e dor, sadismo e masoquismo, utilitarismo e morbidez passam a copular compulsivamente; é quando a construção utilitária da vida, ao se ver radicalmente deformada pelo risco e a insegurança, escarafuncha as feridas de Narciso com o punhal daquilo que poderíamos chamar de inutilidade banal.

---

10. Provérbio árabe citado pelo filósofo alemão Arthur Schopenhauer na obra *Aforismos para a sabedoria na vida*. Tradução de Genésio de Almeida Moura. São Paulo: Edições Melhoramentos, 1956, p. 195.

Ora, à banalidade utilitária e hedonista dos sujeitos que precisam se mostrar narcísicos, corresponde a inutilidade banal daqueles que, mais dia, menos dia, serão substituídos ou proscritos com a mesma celeridade com que se afirmam, hoje, para além dos demais. A sensação de ser fungível trai o amor de Narciso por si mesmo: por ter que respeitar a – ou, pior, por ter que acreditar na – autoidolatria, o Narciso insolvente e contingencialmente empregado passa a se odiar na mesma medida em que precisa se amar, uma vez que o senso de autodesprezo se insinua pelas muitas frestas daquele que, a despeito do *outdoor* de si mesmo (o ego como *Você S/A*), já não consegue corresponder à imagem de sua marca.

Se apontássemos a competição dos grandes narcotraficantes mexicanos para ver quem erige o túmulo mais solene e portentoso, seria possível redarguir que, em tais carreiras criminosas, a morte é uma eminência parda de tal vulto que, a bem dizer, é como se Tânatos destronasse Eros de uma vez e passasse a ditar, com a ampulheta e a foice da morte, todos e cada um dos parâmetros narcísicos do prazer.

Entretanto, quando observamos o padrão de comportamento dos atiradores civis, desde o massacre na Columbine High School, no Colorado (EUA), em abril de 1999, passando pelo massacre do Realengo, ocorrido na Escola Municipal Tasso da Silveira, na cidade do Rio de Janeiro, em abril de 2011, até chegarmos ao mais recente caso na Parkland High School, na Flórida (EUA), no dia 14 de fevereiro de 2018 (apenas para citarmos três entre as várias tragédias ocorridas), descobriremos que há uma profunda fusão entre *winners* e *losers*, vida e morte.

Os atiradores escolares tendem a apresentar o perfil dos *nerds* que, supostamente (e não mais do que supostamente), não se importam em ser postos em ostracismo. Tidos como párias no esporte e desprezados pelas garotas, o ímpeto narcísico de tais *losers* se vê achincalhado a ponto de considerarmos que eles sequer têm amor próprio. Mas, a partir da adaptação de uma famosa máxima do químico francês Antoine de Lavoisier, é possível dizer que, na sociedade, nada se perde, nada se cria, tudo se transforma. Como face reversa (e recíproca) do narcisismo, o ressentimento do *loser*, via de regra, traz implicações como a rebeldia no vestuário e no asseio, o isolamento e a misantropia. Mas, em alguns casos – casos que, desde o massacre de Columbine, passaram a compor uma verdadeira dinastia –, o profundo ressentimento opera como um propulsor que, no limite, pretende transformar o *loser* em *winner*, o coadjuvante em herói, por meio de uma vingança viril que, ao mesmo tempo, lance mão do martírio como derradeira exposição narcísica.

Os atiradores tentam matar todos aqueles e aquelas que os desprezam. Ao fim e ao cabo, suicidam-se, mas o martírio, como a tradição sociopatológica de tais massacres já consagrou, é precedido pela feitura de vídeos postados no *YouTube*. Agora, eles não poderão ser simplesmente relegados e/ou esquecidos. Sempre que os sobreviventes e parentes se lembrarem das vítimas, o narcisismo dos *losers* será vivenciado e veiculado, ainda que eles não possam aferir, de forma utilitária e hedonista, os louros de sua vitória de Pirro após a morte. Nesse caso, à morte em vida dos *losers* em termos do hedonismo narcísico, corresponde a vida após a morte (sem Deus e sem a eternidade) dos *winners* que, em meio à dinastia letal a que dão continuidade, os eleva à condição de mártires. É quando Eros e Tânatos, prazer e dor, sadismo e masoquismo, utilitarismo e morbidez passam a copular compulsivamente; é quando a destruição utilitária da vida escarafuncha as feridas de Narciso com os revólveres e pistolas da inutilidade banal.

Arrematemos este ensaio com o relato do suicídio midiático do jovem chinês Wu Yongning, 26 anos, famoso escalador de edifícios com centenas de milhares de seguidores nas redes sociais.

No dia 07 de novembro de 2017, Wu subiu ao cume de um arranha-céu de 62 andares (190 metros de altura) na cidade de Changsha, no sudeste da China. O jovem posicionara seu celular, estrategicamente, para poder gravar todas e cada uma de suas acrobacias junto ao parapeito do edifício.

Com uma mistura de ansiedade e náusea – aparições somáticas de Eros e Tânatos –, assistimos ao vídeo de dois minutos e nove segundos, ao longo do qual o jovem se debruça sobre o parapeito do prédio, desce a perna direita, desce a perna esquerda, se escora junto ao parapeito com os antebraços e, pênsil como o pólen, começa a fazer barra vertical – uma, duas, três vezes – como se estivesse circundado pela areia da praia de Copacabana. Súbito, a situação se complica, Wu perde o equilíbrio – o jovem tenta, sem sucesso, levar o dorso até o parapeito, mas lhe faltam forças. Com a palma das mãos suadas e a respiração ofegante, os espectadores ainda ouvimos o grito agônico e esganiçado de Wu antes de o jovem despencar para o estrelato da morte.

"Querido Wu, essa foi a sua melhor *performance. Show must go on:* nós nunca esqueceremos você!" – diz o comentário repleto de curtidas de uma seguidora de Wu, cuja morte vivificada sentencia que Narciso, de fato, adora se mutilar[11].

---

11. Eis o link para o vídeo do suicídio midiático de Wu Yongning postado no *YouTube*: <*https://bit.ly/2G6mITU*>. Este texto foi publicado em 13/04/18 no blog "Estado da Arte", do jornal *O Estado de S. Paulo.*

O 11º mandamento do evangelho segundo Immanuel Kant

Kaliningrado (Königsberg), 12 de julho de 2018

Por não fazer parte do território contíguo da Federação Russa, a cidade de Kaliningrado, à beira do Mar Báltico, entre a Polônia e a Lituânia, é o que a Geografia chama de exclave.

Entre os séculos XV e XVII, a antiga cidade de Königsberg, fundada por cavaleiros teutônicos, pertenceu à Polônia.

Com a unificação e o fortalecimento militar da Alemanha, no fim do século XIX, Königsberg passou a fazer parte do *Reich*.

Ao caminhar pelo centro da cidade, deparo com prédios de arquitetura alemã transpassados por letreiros em cirílico. É assim que, com uma fachada entalhada em madeira rústica, o Баварский Ресторан (*Bavarski Restoran*, Restaurante Bávaro) anuncia suas iguarias que remontam à época da dominação germânica; um prédio acinzentado e austero de quatro andares, hoje sede de um instituto tecnológico próximo da praça central de Kaliningrado, já abrigou as instalações da temível *Geheime Staatspolizei* (Polícia Secreta do Estado), que os nazistas chamavam pelo acrônimo de Gestapo.

Com a vitória dos Aliados na Segunda Guerra Mundial, o primeiro-ministro inglês Clement Attlee, o presidente dos EUA Harry Truman e o ditador soviético Ióssif Stálin se reuniram em

Potsdam, cidade situada na região leste da Alemanha, entre 17 de julho e 02 de agosto de 1945, para redesenhar o mapa da Europa segundo suas pretensões geopolíticas.

Acordou-se que a cidade de Königsberg, com localização sumamente estratégica à beira do Mar Báltico, passaria a fazer parte da União Soviética.

Com o falecimento do bolchevique Mikhail Kalinin, que participara da Revolução Russa de 1917, Königsberg foi rebatizada como Kaliningrado.

Entre 1946 e 49, a população alemã foi expulsa da cidade, ocorrendo, então, sua ocupação (a tomada do butim) por cidadãos soviéticos.

Königsberg/Kaliningrado é famosa por ser a cidade onde nasceu, viveu e morreu o filósofo alemão Immanuel Kant.

Com sua rígida disciplina prussiana, Kant costumava caminhar pela cidade diariamente e sempre no mesmo horário. Os conterrâneos do filósofo chegavam até mesmo a acertar seus relógios com as caminhadas kantianas.

Consta, ademais, que Kant ligava a cabeceira de sua cama à maçaneta da porta do banheiro com um fio de barbante, para que, quando fosse fazer suas necessidades fisiológicas de madrugada, o filósofo fosse devidamente guiado e não perdesse seu precioso tempo de descanso; assim, suas reflexões e escritos poderiam ser maximizados durante o dia.

Certo fim de tarde, porém, fez o impossível acontecer: Kant se atrasou em sua caminhada diária. (Sumamente atordoado, até mesmo o fio de barbante se rompeu.)

Os pacatos moradores de Königsberg ficaram em polvorosa: mas o que teria acontecido ao nosso filósofo?

Teria Kant sofrido um acidente?

Meu Deus, teria Kant falecido?!

[O puritanismo protestante tentava sufocar a mais ínfima (e pecaminosa) especulação de que o digníssimo Immanuel Kant pudesse ter se demorado em alguma casa de tolerância nas regiões obscuras de Königsberg.]

Ora, meu Deus, mas o que foi que aconteceu?!

Algo muito, mas muito sério sucedera, pois nada nesse mundo poderia fazer com que Kant se atrasasse em sua caminhada diária.

Alarmados, os moradores acorreram à casa do filósofo.

Lá chegando, os conterrâneos encontraram Kant todo desalinhado e sem sua peruca grisalha característica, o que logo os fez pensar que o filósofo fora acometido por algum grave problema de saúde.

Não fora isso, no entanto, que conseguira abalar a férrea disciplina prussiana de Kant.

Aos 65 anos, 2 meses e 22 dias, o autor da *Crítica da razão pura* e da *Crítica da razão prática* se atrasara, pela primeira vez na vida, ao ficar sabendo que, com a tomada de assalto da Bastilha, a prisão política de que o absolutismo monárquico lançava mão, a Revolução Francesa irrompera em Paris. Königsberg e o mundo jamais esqueceriam o dia 14 de julho de 1789.

Immanuel Kant tornara sumamente famosa a utopia do imperativo categórico ético, segundo a qual todos e cada um de nós, ao agirmos, devemos nos balizar por parâmetros passíveis de universalização, de tal maneira que os demais só venham a ser positivamente afetados por nossas ações. Ao agir, então, eu sempre devo me colocar no lugar do outro e respeitá-lo não como um meio (um instrumento) para os meus fins egoístas, mas como um fim em si mesmo, isto é, como um sujeito ontológica e igualmente detentor de dignidade.

Se eu dissemino a mentira e a extorsão, a violência e a pilhagem, estou autorizando todos e cada um dos meus semelhantes a agir conforme os mesmos parâmetros. Logo, a guerra de todos contra todos se estabelece.

Se, no entanto, eu agir segundo os princípios da retidão e da reciprocidade, todos os demais, intrinsecamente respeitados, também poderão fazê-lo, de tal maneira que, em meio à utopia kantiana do imperativo categórico ético, seria possível alcançar a paz perpétua.

[Pouco passível de dobrar a primeira esquina da história humana repleta de choro e ranger de dentes, a suma cordialidade do imperativo categórico ético bem pode ser imaginada em meio à gentil (e provinciana) Königsberg de Kant, cidadezinha em que todos os habitantes se conheciam e jamais deixavam de dar bom dia, boa tarde e boa noite entre as carruagens e igrejas, tavernas e casas de tolerância.]

Quando irrompe a Revolução Francesa, a promessa de disseminação de governos republicanos que acabassem com as arbitrariedades do absolutismo monárquico faz com que Kant projete que, enfim, o imperativo categórico ético ultrapassaria os limites de Königsberg e passaria a balizar as relações entre os cidadãos, as cidades e os Estados do mundo segundo parâmetros racionalmente constitucionais.

Eis, segundo Kant, a resposta para a questão sobre o que seria a essência do Iluminismo.

A utopia do imperativo categórico ético é tão revolucionária que ela ultrapassa o republicanismo iluminista de Kant, saúda o clamor por liberdade, igualdade e fraternidade dos revolucionários franceses, aplaude o ardor socialista por uma terra sem amos e, ao fim e ao cabo, desemboca no mais radical, coerente e responsável anarquismo. Senão, vejamos.

Kant, obviamente, não era ingênuo a ponto de pressupor que o imperativo categórico ético ocorreria no éter, isto é, em condições puramente arquetípicas, abstratas e em meio à profunda desigualdade jurídica, econômica e social de sua época. A utopia kantiana de indivíduos reciprocamente cordatos pressupõe a universalização – em termos propriamente iluministas, a racionalização – de tal atmosfera para o todo social.

Se a sociedade fosse organizada segundo os parâmetros do imperativo categórico ético, com leis que norteassem a reciprocidade entre Estados, cidades e cidadãos, o todo e as partes (os indivíduos) se correlacionariam de forma coerente e orgânica. No limite, os indivíduos poderiam fazer equivaler a universalidade utópica da lei regida pelo imperativo categórico com suas próprias consciências, de tal maneira que cada sujeito racional se transformasse em uma carta constitucional em miniatura. Nenhuma autoridade precisaria me dizer, então, o que fazer para respeitar o outro como alguém igual a mim mesmo – a bem dizer, como parte de mim mesmo, já que o outro convive comigo em sociedade.

O sujeito autônomo e consciente de si e do outro, para além do jugo da lei que já lhe seria exterior, projeta, assim, o limite da utopia kantiana que desembocaria no mais rematado e revolucionário anarquismo.

Se quisermos traçar uma genealogia para o imperativo categórico ético de Kant, poderemos considerá-lo uma secularização filosófica da regra de ouro, princípio basilar para as mais diversas tradições religiosas. Nesse sentido, eis o que nos revela o seguinte fragmento da obra *A grande transformação*, de autoria da estudiosa de religiões Karen Armstrong:

> Não faças aos outros o que não farias a ti mesmo. (...) Se, por exemplo, toda vez que nos sentíssemos tentados a tecer um comentário hostil sobre um colega, um irmão ou um país inimigo, pensássemos em como nos sentiríamos se o mesmo comentário se referisse a nós – e desistíssemos de tecê-lo –, superaríamos a nós mesmos. Esse seria um momento

de transcendência. Se tal atitude se tornasse habitual, poderíamos viver num *ekstasis* permanente, não porque entramos num transe exótico, mas porque ultrapassamos as fronteiras do egocentrismo. (...) O teste é simples: se nossas convicções – seculares ou religiosas – nos tornam hostis, intolerantes e maldosos em relação à fé alheia, não são "profícuas". Se, porém, nos impelem a agir compassivamente e a honrar o estranho, são boas, úteis e válidas. Esse é o teste da verdadeira religiosidade em todas as grandes tradições[1].

Ao nos lembrarmos da história do século xx e do monte de ruínas a que a Königsberg de Kant foi reduzida pelos bombardeios da Segunda Guerra Mundial, bem constatamos o adiamento (quiçá, a suma impossibilidade) da bandeira utópica hasteada pelo imperativo categórico ético de Kant.

Ocorre que, a despeito da cordialidade tão protestante quanto provinciana de Königsberg – cidade da qual Kant jamais teria saído em seus longevos 80 anos de vida –, o filósofo conseguiu entrever alguns pontos cegos para sua utopia ética – situações aporéticas em que não seria possível exercer o imperativo categórico de forma alguma; situações radicalmente amorais que parecem ter escapado até mesmo à onisciência de Deus.

Imaginemos, por exemplo, a situação de dois náufragos que tentam sobreviver, desesperadamente, apoiados em uma tábua de madeira.

Logo se torna patente para os dois pobres diabos que a flutuação da tábua em meio às águas não comportará dois sobreviventes – suponhamos que se trate de um naufrágio ocorrido no Mar Báltico, perto da orla de Königsberg, de modo que os gritos e clamores por socorro pudessem acossar as madrugadas regradíssimas de Kant com a agonia do pesadelo.

---

1. Karen Armstrong, *A grande transformação*. Tradução de Hildegard Feist. São Paulo: Companhia das Letras, 2008, p. 14; pp. 413-414.

Se Fritz só puder sobreviver ao naufrágio alijando Eugen da tábua de salvação (e vice-versa), não será possível exercer o imperativo categórico ético, uma vez que Fritz deve aniquilar Eugen para continuar vivo – neste caso, o outro tem que ser transformado em um instrumento radical da minha vontade, que, por sua vez, se vê reduzida à mais bestial luta pela sobrevivência.

Diante do buraco negro da razão prática convertida na mais impura desrazão, Kant se vê compelido a denegar as seguintes palavras de Jesus Cristo:

> Ouvistes o que foi dito: olho por olho e dente por dente. Eu, porém, vos digo que não resistais ao mal; mas, se alguém te bater na face direita, oferece-lhe também a outra; e àquele que quiser pleitear contigo e tirar-te a túnica, oferece-lhe também a capa[2].

(O desespero protestante de Kant luta para abjurar a vontade blasfema de responsabilizar Deus por tamanho desatino em Sua criação.)

Imaginemos, no entanto, que, da planície de Kaliningrado, irrompa, subitamente, uma enorme montanha. (Afinal, Königsberg, do alemão, quer dizer Montanha do rei.)

Imaginemos, ademais, que os alpinistas Immanuel, Fritz e Eugen estejam quase alcançando o cume da montanha mágica atados por uma mesma corda que os transpassa pela cintura.

Súbito, Eugen se desequilibra e não consegue mais se agarrar à montanha.

Eugen só não despenca imediatamente porque a corda o ata a Fritz.

Não suportando o peso de Eugen, Fritz também acaba se desgarrando da montanha.

---

2. *Evangelho segundo Mateus*, capítulo 5, versículos 38 a 40.

Fritz só não despenca imediatamente porque a corda o ata a Immanuel.

Agora, o pobre Immanuel luta, de forma inglória, para se manter agarrado à montanha tendo que suportar o enorme peso de Fritz e Eugen.

Para Immanuel, agir segundo os parâmetros de Cristo significa ser totalmente solidário à morte de Fritz e Eugen. Em outras palavras, para proceder à imitação de Cristo, Immanuel precisa ser crucificado.

Logo ocorre a Immanuel, no entanto, uma ideia mais humana do que kantiana – uma saída racional mais prática do que pura: o alpinista que ainda depende das próprias forças saca uma faca do bolso da calça e, com sumo pesar (e alívio) no coração, corta a corda que o ata a Fritz.

Para salvar a própria pele, Immanuel precisa fazer com que a lei da gravidade mate Fritz e Eugen.

Ora, o que é preferível: um mártir ou um sobrevivente?

A despeito de rezar para Jesus Cristo há mais de 2 mil anos, a humanidade não parece ter dúvidas.

Tanto é assim que, para tal situação de aporia das razões pura e prática – situação blasfema que parece transformar a onisciência de Deus em cumplicidade –, o Código Penal não impõe sanções para Immanuel.

Ao condenar Fritz e Eugen à lei da gravidade para salvar a própria pele, Immanuel sai incólume diante da lei penal, que, nesse caso, o considera inimputável.

Para a nossa sociedade, salvar a própria pele à custa do martírio só é digno de ser ovacionado quando o exemplo puder ser devida e hermeticamente isolado em cruzes e pedestais. No mais, salve-se quem puder.

Ora, o que é preferível: um mártir ou um sobrevivente?

Em meio às ruínas fumegantes da Königsberg bombardeada por ingleses, norte-americanos e soviéticos, o soldado alemão/sobrevivente Fritz Eugen Kant sentencia:

– Na guerra, eu não posso rezar segundo o princípio do *Não matarás.* Na guerra, das tábuas da lei que se confundem com os escombros, resta apenas o 11° mandamento: espero não matar.

A BORDO DO VOO QUE VAI DE KALININGRADO (KÖNIGSBERG) A SÃO PETERSBURGO

Nostalgia do absoluto

Entre Kaliningrado (Königsberg) e
São Petersburgo, 13 de julho de 2018

À diferença da policromia vibrante que marca as igrejas ortodoxas, a catedral protestante de Königsberg desponta com austeros tijolinhos marrons entremeados por janelas e arcos amarelos e contritos, como se a arquitetura da igreja quisesse expiar os pecados dos fiéis.

Se a aura da catedral não me impressiona, o museu que fica na cúpula da igreja me deixa atônito ao expor a máscara mortuária do filósofo alemão Immanuel Kant.

O último semblante de Kant é sumamente macilento; não há traço de carne ou gordura, como se a evasão da alma também tivesse surrupiado o corpo do filósofo. Ossos bem pronunciados circundam seus olhos grandes e fundos como charcos; no meio do nariz fino, pontudo e de narinas oblongas, uma protuberância óssea sobe e desce como a corcova de um camelo; bochechas aradas por vincos profundos; o detalhe que me chama mais a atenção, porém, está na boca de Kant: a despeito dos lábios inexpressivos, a boca parece entreaberta, como se Kant ainda quisesse dizer algo. Todo o restante de seu rosto está apaziguado com o término da vida, à exceção de sua boca loquaz.

O que a máscara mortuária de Immanuel Kant me diria se pudesse falar?

Desço até a igreja propriamente dita para assistir a um concerto de órgão.

O último concerto que eu havia visto, em julho de 2015, me pegou de surpresa: ao entrar na pequena igreja da Universidade de Loyola, à beira do lago Michigan, em Chicago, um órgão denso e efusivo me fez sentir, em cada fímbria do corpo, a visceralidade de um aforismo do filósofo romeno Emil Cioran, para quem os acordes de um órgão são degraus celestiais que aproximam o ser humano do absoluto. Toda a fragilidade que nos constitui parece reconciliada: o órgão ressoa a presença imediata e tangível de Deus.

O órgão altivo e barroco redime a austeridade da catedral de Königsberg.

Uma legião de anjos infantis e alados se posta junto às múltiplas partes do órgão, que, como sói acontecer, fica sobrelevado em relação aos fiéis. Quando o órgão começa a ressoar, os anjos tocam as trompas e trompetes como o prenúncio da aterrissagem divina.

Há toda uma mística liberada pela sucessão infinda de acordes graves e agudos, como se o órgão, qual um tapete voador, nos fizesse descer até o vale da mais densa prospecção existencial para, em seguida, nos alçar ao cume sublime da cura.

Como que oriundas dos arabescos dourados que encimam os tubos delgados e prateados do órgão, mil mãos compassivas nos elevam e enlevam: não há solidão possível, a música transborda o sentido, o órgão religa a ponte (o cordão umbilical) com o absoluto pela sucessão de nuvens de seus acordes.

O filósofo alemão Arthur Schopenhauer sentenciou certa vez[1] que o movimento essencial da música, com sua forma pura, indômita e desprovida da dor semântica das palavras, consegue expressar, com o máximo de visceralidade e mimese, o ardor da vontade humana, suas idas e vindas, suas contradições que explodem em paradoxos e fúria; a pura forma musical, para Schopenhauer, contém, acompanha e liberta a nervura da paixão em seu ardor, a nervura da melancolia em seu suspiro, a nervura do sonho em sua espera, a nervura da tristeza em seu pranto, a nervura do amor em seu acalento, a nervura da alegria em seu canto, a nervura da saudade em sua nostalgia.

Eu não tenho dúvida de que o ateu Arthur Schopenhauer sentiu essa descoberta em cada fímbria de seu corpo enquanto ouvia um concerto de órgão em uma igreja que ele e seu discípulo revolto Friedrich Nietzsche, musicófilo contumaz como Schopenhauer, chamavam de sepulcro de Deus[2].

O órgão é a própria nostalgia do absoluto.

Quando ressoa suavemente, o órgão é a mãe que entoa uma cantiga de ninar para o filho.

O órgão sobrelevado em relação aos fiéis lembra a aparição de Deus a Moisés no cume do Sinai.

Súbito, me ocorre a razão pela qual os sobreviventes ao cerco que os nazistas impuseram a São Petersburgo quiseram fazer, em plena avenida Niévski, sob a tempestade de aço e as labaredas das ogivas, uma apresentação da *Sinfonia n.º 7*, que Dmítri Chostakovitch compusera em homenagem à cidade sitiada.

---

1. Arthur Schopenhauer, *O mundo como vontade e representação*. Tradução de M. F. Sá Correia. Rio de Janeiro: Contraponto, 2001.

2. Friedrich Nietzsche, *A gaia ciência*. Tradução de Paulo César de Souza. São Paulo: Companhia das Letras, 2001, pp. 147-148.

Entre 08 de setembro de 1941 e 27 de janeiro de 1944 – longos, famélicos, friíssimos e infectos 872 dias –, São Petersburgo (então rebatizada como Leningrado) se viu cercada pelas tropas hitleristas.

Inanição.

Canibalismo.

Frio – o frio que exaure, com o tremor dos corpos reduzidos a sacos de ossos, a última energia da sobrevivência, o frio cujas rajadas de vento queimam e cortam a pele fina como papel vegetal com a avidez de chicotes e punhais.

Já não há como esconder a morte a sete palmos do chão – não há tempo e força para cavar sepulcros, é preciso aproveitar as crateras abertas pelas bombas como cemitérios a céu aberto.

Crateras como covas, crateras como trincheiras.

Cadáveres e soldados.

Cemitério dos vivos.

Ainda assim, a resistência de Leningrado decide, contra toda a racionalidade utilitária, apresentar a *Sinfonia n.º 7* em plena avenida Niévski.

Todos estão cientes de que podem morrer como moscas em meio ao bombardeio alemão.

Todos estão cientes de que caminhar (ou, melhor, claudicar) até a Niévski envolve o risco de morrer de frio e exaustão.

Ora, quem tem medo da morte na Leningrado sitiada?

No inferno, a morte redime.

Queremos ouvir Chostakovitch, queremos vibrar em dó maior – se, com a sinfonia atonal das ogivas, esse for o nosso réquiem, morreremos reconciliados.

Que é a fome diante da sobrevivência?

Não só de pão vive o homem.

Que é o frio diante da sobrevivência?

Entre os escombros, a esperança trêmula como nossos ossos nos acalentará.

Que é a exaustão diante da sobrevivência?

A falta de fé é o que nos vai exaurir.

Imaginemos que, no Natal de 1941 (1942 e 1943), os sobreviventes ao cerco de Leningrado, quais esqueletos ambulantes, se abraçaram ao redor de um maestro maltrapilho, cuja batuta era um semipedaço de arame, de uma orquestra de zumbis que mal conseguiam soerguer seus instrumentos e de um piano alquebrado, cuja cauda fora amputada por uma granada.

Tal concerto surrealista só aconteceu porque, como bem sabia o compatriota dos sobreviventes de Leningrado Fiódor Dostoiévski, os seres humanos não apenas vivem – nós buscamos uma razão para viver, nós buscamos uma razão para continuar a viver, nós buscamos uma razão para continuar a continuar.

Tal concerto surrealista, réquiem à vida e ode à morte, encarna a nostalgia do absoluto na Leningrado sitiada em que a mera menção à justiça de Deus mais parecia um acinte – o mais viscoso escárnio.

No dia 25 de dezembro de 1943, algum poeta teve a ideia de transportar um órgão para o coração da avenida Niévski: as flautas da *Sinfonia n.º 7* dariam lugar aos trovões dos acordes que já se faziam mais altissonantes do que as explosões – pouco mais de um mês depois, o cerco a Leningrado seria levantado pelo Exército Vermelho.

Consta que, quando os soldados russos chegaram à avenida Niévski, eles não acreditaram nos próprios olhos no momento em que viram uma roda de cadáveres de mãos dadas ao redor de um maestro que morrera em pé, congelado, enquanto regia o penúltimo acorde de Chostakovitch.

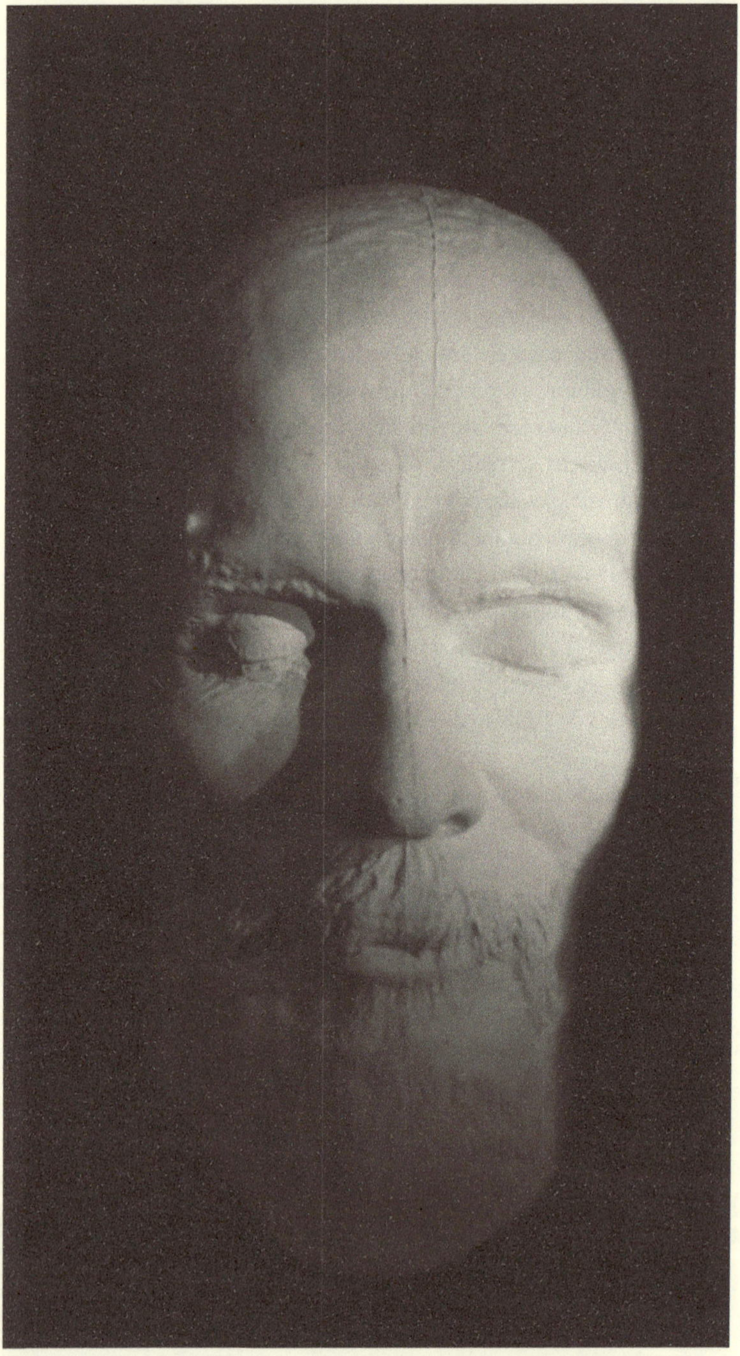

Máscara mortuária do escritor russo Fiódor Dostoiévski (1821-1881)

SÃO PETERSBURGO – KM 6465

[A NOROESTE DE MOSCOU, NÍJNI NOVGOROD, KAZAN, SARANSK, SAMARA, VOLGOGRADO (STALINGRADO), ROSTOV-SOBRE-O-DON E SOTCHI; A NORDESTE DE KALININGRADO (KÖNIGSBERG)]

Entre a cruz e a espada: A Rússia sob o punho de Vladímir Putin

São Petersburgo, 14 de julho de 2018

Vladímir Vladímirovitch Putin nasceu em Leningrado, antigo nome de São Petersburgo até o colapso da União Soviética, que ocorreu em dezembro de 1991.

Em um bar da rua Rubinstein, uma das travessas da avenida Niévski, no coração da cidade, entro em contato com o sexagenário Vassili Vassílievitch Kuznetsov, que, a despeito de ser um putinista ferrenho, me pede que seu nome verdadeiro não seja divulgado. "Sabe como é, né? A Rússia e o livre pensamento não têm lá muitas afinidades eletivas", sentencia Kuznetsov.

A seguir, compartilho com vocês os principais trechos de nosso diálogo entremeado por um sem-número de doses de cerveja e vodca.

EU: Quer dizer então que o senhor fala amém para o fato de Vladímir Putin ter blindado seu antecessor e padrinho político Boris Iéltsin de quaisquer investigações judiciais por parte da Procuradoria Federal?

VASSILI VASSÍLIEVITCH KUZNETSOV: Antes de mais nada, jovem, não precisa me chamar de "senhor". O Senhor sequer existe no céu solitário e silencioso, então deixemos de cerimônias. Em seguida, é preciso dizer que as suas colocações simplesmente desconsideram a história encarniçadíssima da transição de poder na

Rússia. Ora, quando você vê o mundo pelo prisma dos anglo-saxões, parece fácil e imediato dizer que é preciso haver alternância no poder, que é preciso respeitar a vitória eleitoral dos adversários. Meu Deus, que exemplo sublime de liberalismo, não? Até parece que os ingleses estendiam a democracia para suas múltiplas colônias – será que os indianos acossados pelas políticas draconianas do imperialista Winston Churchill se viam representados pelo Parlamento britânico? E que dizer dos Estados Unidos e suas leis raciais que, até meados do século XX, negaram aos afro-americanos a mais basilar cidadania? Por que esses imperialistas não olham um pouco mais para o próprio umbigo antes de falarem da Rússia?

EU: Mas você não respondeu ao que eu perguntei, Kuznetsov. Você me acusa de ocidentalismo, mas nada disso justifica a manobra escusa de Putin para salvaguardar Iéltsin.

KUZNETSOV: Ora, jovem, paremos desde já com as balelas! Bem antes da dinastia Románov, os tsares já matavam seus próprios filhos em meio a lutas figadais pelo poder. (Procure se informar sobre a história do fratricida Ivan, o Terrível, e você saberá como a banda toca por aqui.) Se a Inglaterra e os Estados Unidos puderam desenvolver, com mais organicidade histórica, sistemas de sucessão que conseguem apaziguar (ou, melhor, amordaçar) a carnificina, tanto melhor para eles. Não nos esqueçamos, no entanto, de que ao relativo apaziguamento doméstico não corresponde o respeito à autodeterminação dos povos alhures – que o diga a sua América Latina historicamente pilhada pelos estadunidenses, jovem. Salvo engano, não foi o presidente brasileiro João Goulart que, em meados dos anos 1960, antes de levar um golpe de Estado apoiado pela CIA e pelos militares dos EUA, chegou a dizer que, "se os Estados Unidos gostam tanto da democracia, eles devem permitir que ela floresça para além de suas próprias fronteiras"?

EU: Precisamente.

KUZNETSOV: Por aí você vê, jovem, como é fácil disparar o bumerangue contra o outro sem querer que ele se volte contra si mesmo.

EU: Me fale, então, sobre os cuidados sumamente maquiavélicos de Iéltsin para que o bumerangue de Putin não se voltasse contra seu padrinho político.

KUZNETSOV: *Piece of cake*, jovem, como diriam nossos *muy amigos* dos Estados Unidos. Vamos lá: a historiografia oficial da Rússia, sobretudo em seu período de hagiografia soviética, negaria o que vou dizer até a morte – aliás, ela negaria o que vou dizer até a *minha* morte –, mas Lênin não foi apenas isolado (e exilado) por Stálin depois de seu derrame. Paulatinamente, Lênin foi sendo envenenado. Eu não preciso fazer menção, é claro, às disputas profundíssimas em meio ao todo-poderoso triunvirato composto por Stálin, Zinoviev e Kamenev, das quais apenas o primeiro saiu com vida. E o próprio Stálin, alçado à condição de Guia Genial dos Povos, não escapou de morrer sob forte suspeição, a despeito de seus mais de 25 anos no poder. Quando Stálin começa a definhar em sua *datcha* nas cercanias de Moscou, seu braço direito na política de expurgos e extermínios, o também georgiano Lavrenti Beria, toma as devidas precauções para que os médicos demorem mais de 24 horas para atender o moribundo. Com a morte de Stálin, uma disputa acirradíssima se estabelece entre Beria e Nikita Khruschov, ao fim da qual Beria é preso e fuzilado da mesma maneira que seus milhões de vítimas: 9 mg de chumbo são disparados contra sua nuca. E quanto ao bom de briga Nikita Khruschov, padrinho político da Tsar Bomba, o artefato nuclear mais terrível que a imaginação humana já concebeu? Carismático e sumamente querido pelo povo, Khruschov procurou desestanilizar a União Soviética, jovem, mas, após a crise dos mísseis, em Cuba, a cúpula político-militar o considerou um destemperado e aproveitou para forçar o revisionista Khruschov à renúncia – diante disso, você conseguiria acreditar que o velho Nikita teve uma morte tranquila e natural anos depois? Eu poderia prosseguir até Mikhail Gorbatchov, jovem, que só foi salvo de um golpe militar – e de um possível fuzilamento – por Boris Iéltsin, mas vou parar por aqui a fim de que você entenda, de uma vez por todas, que soluções mágicas não existem, não há coelhos subitamente sacados da cartola. Iéltsin foi o primeiro presidente eleito democraticamente após o fim da União Soviética. Se não fosse um alcoólatra contumaz e se não estivesse muito mal de saúde, é provável que Iéltsin quisesse se perpetuar no poder, mas, como as condições não lhe eram favoráveis, foi preciso escolher um sucessor. Como você sabe, a bênção coube ao ex-agente do KGB Vladímir Putin, que, escolado na tradição maquiavélica, entendeu que, para receber o cetro do poder, seria preciso proteger seu antecessor das terríveis retaliações que a sucessão do poder na Rússia traz em seu bojo.

EU: O diabo diria que faz todo o sentido.

KUZNETSOV: Dante talvez tenha pensado na dinâmica do poder na Rússia quando inscreveu a seguinte máxima no portal do inferno: “Abandonai toda a esperança, vós que entrais”.

EU: E, por falar no diabo, é precisar lembrar de seu Criador: há pouco, pude entrever que você não tem lá muito apreço por Deus. Sendo assim, Kuznetsov, como você vê a aliança cada vez mais estreita entre Putin e a Igreja Ortodoxa? Não lhe parece uma enorme espetacularização midiático-religiosa que Vladímir Putin, um ex-agente do KGB que se diz ortodoxo, tenha aparecido na TV estatal russa, com o torso nu, para celebrar o batismo de

Jesus Cristo no rio Jordão mergulhando nas águas gélidas do lago Seliger a -6ºC?

KUZNETSOV: Mais uma vez, jovem, suas colocações pressupõem um ocidentalismo alheio às tradições russas. Veja: o povo russo, historicamente, gosta de ver o rosto de seu líder. Que são as instituições democráticas senão meras abstrações impessoais? Não é por outro motivo, meu caro, que os soviéticos fizeram questão de reproduzir uma estátua de Lênin em cada cidade da finada URSS. E mais: eu aposto que, se você visitou, no inverno, o mausoléu de Lênin encravado no coração da Praça Vermelha, o soldado responsável pela segurança do local exigiu que você tirasse o gorro para ver o sarcófago do bolchevique, não foi?

EU: Exatamente! Ele exigiu que eu descobrisse a minha cabeça como se eu estivesse entrando em uma igreja.

KUZNETSOV: Pois então, meu caro: por aí você vê como é difícil desarraigar antigos hábitos do coração do povo. Agora imagine: acertadamente ou não, os soviéticos incutiram no coração da nação uma crença na vitória do socialismo calcada na ética do trabalho. A Rússia, como república soviética mais importante, era uma superpotência respeitada (isto é, temida), o povo era levado a acreditar que alcançaríamos um objetivo grandiosíssimo – a utopia do comunismo passou a ocupar o vácuo deixado pela morte de Deus. Pois bem: quando a União Soviética naufraga, irrompe o caos da guerra civil – todos se digladiam não só pelo poder, mas pelo fato de não haver mais um princípio aglutinador e centrípeto para o todo social. E aí está algo que não sai de imediato de uma cartola, jovem, algo que não pode ser cultivado em laboratório – assim como não é possível transplantar, pura e simplesmente, a cultura democrática anglo-saxã para a Rússia, também não é possível criar a partir do nada uma tradição diante da qual a maioria da população possa se ajoelhar. Ora, mas é aí que o engenheiro social Vladímir Putin, qual um verdadeiro discípulo de Maquiavel, se lembra de uma velha historieta envolvendo Napoleão Bonaparte e o tsar Alexandre I: quando o generalíssimo francês soube que o imperador russo era, ao mesmo tempo, monarca e líder da Igreja, Napoleão teria exclamado ao tsar: "Ora, mas que conveniente!" E, de fato, é muito conveniente que, na Rússia, nós tenhamos uma tradição religiosa antiquíssima que possa reconstituir um *ethos* de unidade nacional após a cisão da União Soviética. Eu bem que gostaria, jovem, que nossas tradições cívicas fossem mais enraizadas, de modo que um Estado efetivamente laico desse conta de tal empreitada. Mas, como já dissera o grande inquisidor de Dostoiévski, não há agrura maior para o homem do que encontrar alguém diante de quem ele possa se ajoelhar – e isso parece ser ainda mais verdadeiro para as tradições russas. Assim, se o presidente Putin, que conhece a nossa história como poucos, considera que a Igreja Ortodoxa é a instituição nacional à altura de suplantar o luto socialista, é preciso dar a César o que é de César e a Deus o que é de Deus.

EU: Ainda que, para tanto, seja preciso aprovar, com a devida bênção da liturgia ortodoxa, leis retrógradas, autoritárias e obscurantistas, como a que proíbe a divulgação de informações sobre a homossexualidade para menores de 18 anos e aquela que lista uma série de profissões proibidas para as mulheres, com vistas à proteção de suas condições reprodutivas? Não lhe parece que o retorno à Idade Média é um preço muito alto a se pagar em nome de uma (suposta) unidade nacional?

KUZNETSOV: Veja, jovem, eu era um progressista antes mesmo de os seus pais sequer sonharem em conceber você. Sendo assim, posso lhe dizer, com tranquilidade, que não tenho nada contra os direitos das mulheres e dos homossexuais. O argumento de que os movimentos LGBTS e feministas são meros propagandistas ocidentais querendo destruir as bases das tradições russas me parece sumamente débil. Ainda assim, é preciso entender a tradição russa que não tem grande apreço pelo liberalismo político, econômico e comportamental, ainda que você não concorde com ela. Veja: nem preciso mencionar que, de acordo com a lógica bíblica do crescei e multiplicai-vos, a Igreja Ortodoxa se opõe ao homossexualismo e aos amplos direitos civis para as mulheres como vetores de enfraquecimento da família russa – família russa que, para a Ortodoxia, é o ninho por excelência de onde devem sair os seus fiéis. Em seu discurso logo após a quarta vitória eleitoral para presidente, Putin fez menção à dificuldade demográfica que a Rússia vem enfrentando há mais de um século: nossa população se retrai década após década, e isso, é claro, deve ser enfrentado. Se você olhar para os países ocidentais tidos como avançados, verá que a taxa de fecundidade feminina é muito pequena. Que solução eles vêm encontrando para tal problema? Ora, a despeito da xenofobia e do racismo encarniçados nas metrópoles, as antigas colônias do Ocidente vêm fornecendo imigrantes com taxa de fecundidade elevada para endossar as populações de Inglaterra, França, Holanda, Bélgica e congêneres. Acontece que a Rússia já é um país multiétnico e plurirreligioso por excelência, então, por aqui, a questão assume dimensões ainda mais intrincadas: se os russos ortodoxos não se reproduzirem e não disseminarem a fé nacional para seus filhos, os islâmicos do Cáucaso o farão (como já o fazem) em progressão geométrica. Logo, a causa da autonomia regional e do separatismo voltará a ser ecoada por novos e potenciais adeptos. Mais uma vez, ocorre uma confluência entre o *ethos* de unidade nacional e a religião nacional majoritária, ainda que leis questionáveis sejam aprovadas.

EU: Peço que você me desculpe, Kuznetsov, pois sei que, pela sua idade, é possível que seu pai tenha defendido a União Soviética dos invasores nazistas como soldado do Exército Vermelho, mas, a bem dizer, eu não vejo muita diferença entre o pensamento totalitário do nacional-socialismo, para o qual o indivíduo e a individualidade devem ser suprimidos em função da reprodução do todo social, e a atual ideologia que vem permeando a Rússia sob Putin. O que você está dizendo pressupõe que uma mulher deva ser discriminada – e, no limite, condenada ao ostracismo – se, por determinação própria, ela quiser seguir uma trajetória mais afeita à sua vocação ao invés de cumprir, de maneira unívoca, seu papel como mãe. E o mesmo vale, em escala de tragédia quiçá ainda mais acentuada, para os homossexuais, já que, como não podem se reproduzir, eles devem ser simplesmente silenciados, como se não existissem. Já que você gosta de recorrer à tradição histórica, Kuznetsov, eu lhe pergunto: a história não lhe fornece exemplos suficientes para atestar que a Rússia sob Putin já foi longe demais e pode acabar legitimando e fomentando as práticas mais perversas e retrógradas contra seres humanos que não possam e não queiram fazer parte da unidade nacional hegemônica?

KUZNETSOV: Não farei aqui o papel do sofista que simplesmente invalida as razões de seu interlocutor. Seus argumentos têm validade, jovem, e eu concordo, em parte, com você – concordaria ainda mais, a bem dizer, se eu vivesse em uma sociedade ocidental. Ocorre que, aqui na Rússia, a banda toca de outra forma, como venho tentando lhe explicar. Nas sociedades ocidentais tidas como avançadas, com suas instituições democráticas mais consolidadas, o resultado do individualismo extremo, por meio do qual todos e cada um pensam, antes de mais nada, em si mesmos, tem sido a depressão e o pânico diagnosticados em massa. Isso bem nos mostra a quantas anda a prosperidade no Ocidente – aliás, se aquilo que você chama de anacronismo russo fosse tão peculiar às nossas fronteiras, os Estados Unidos não teriam eleito como presidente alguém com os valores de Donald Trump, e uma onda fortemente reacionária não estaria varrendo a Europa do Reino Unido aos Bálcãs. Ocorre que, aqui na Rússia, o individualismo extremado poderia levar à radical retração da população e à cisão do país em várias micronações insignificantes em termos geopolíticos – esse seria o sonho dos Estados Unidos e de seus vassalos que integram a Otan, não? Salvo engano, a Inglaterra, enquanto era a potência mundial hegemônica, contribuiu sobremaneira para que a América outrora espanhola e colonial se fragmentasse em uma série de países pequeninos que, cindidos e desunidos, não conseguiriam representar qualquer ameaça para as antigas metrópoles, não é mesmo? E você acha que nós não sabemos que o Ocidente quer o mesmo para a Rússia? Eles querem que mil Abecásias e Tchetchênias irrompam do território russo que abarca 1/6 da superfície terrestre. É preciso dividir para cindir, é preciso dividir para reinar: será mais fácil para o Ocidente, então, negociar a espoliação de nossas riquezas.

EU: Essa sua lógica é bem tendenciosa e perigosa, Kuznetsov: por meio dela, é possível legitimar o alijamento de tendências oposicionistas do seio da sociedade russa, já que, em grande medida, a ideologia putinista entrevê os pensamentos e práticas que lhe são contrários como forças fratricidas e centrífugas. Assim, em nome da unidade nacional, é possível impedir que os opositores de Putin, em Moscou, coloquem fitas brancas em seus carros; em nome de uma Rússia cada vez mais forte e autoconsciente de suas tradições, é válido elevar as multas para os participantes de manifestações políticas a quase 10 mil dólares, valor que excede a renda anual de boa parte dos russos; em nome de uma Rússia estável que caminha cada vez mais rumo à monarquia, é desejável que quaisquer opositores passíveis de apresentar riscos eleitorais a Putin sejam expurgados da disputa presidencial, tal como aconteceu com o liberal Alexei Navalni. Não seria radicalmente coerente, então, que Vladímir Putin incinerasse de uma vez o direito constitucional como o fez o presidente chinês Xi Jiping, que logrou aprovar uma emenda (a bem dizer, um decreto) a partir da qual não há mais limite para a sucessão de seus mandatos? Ao fim de seu quarto mandato presidencial, em 2024, Putin terá permanecido no poder durante 20 anos, superando o tsar Alexandre III, que reinou durante 13 anos, entre 1881 e 1894, e o longevo premiê soviético Leonid Brejnev, que governou a URSS de 1964 até o ano de sua morte, em 1982. Que tal coroar o ex-agente do KGB e fiel ortodoxo Vladímir Vladímirovitch Putin como o novo tsar que poderá realizar a síntese entre as tradições monárquica e soviética na Rússia?

KUZNETSOV: Sabe por que nós dois estamos aqui falando há um bom tempo sobre as inúmeras contradições da Rússia, jovem? Porque, diferentemente da Islândia e da Namíbia, de Luxemburgo e da Bolívia, da Nicarágua e do Laos, a Rússia é uma potência nuclear capaz de buscar a autodeterminação a partir de seus próprios valores. Você não vê a mídia ocidental criticando os haréns árabes ou asiáticos e a venda de escravos em países da África em pleno século XXI, vê? E por quê? Porque esses países não têm a menor condição de arranhar a hegemonia dos Estados Unidos. Agora, para os gigantes Rússia e China sobram denúncias e bordoadas tão veementes quanto hipócritas. É claro que ninguém sairia ganhando com uma hecatombe nuclear, a não ser as parcas baratas fosforescentes que continuariam vivas para contar a história. Mas, com a liderança de Putin, a Rússia terá cada vez mais condições de narrar a sua própria história a partir de marcos que lhe são realmente autóctones.

EU: Você vislumbra alguma perspectiva de que, em algum momento não tão longínquo, a Rússia e o Ocidente venham a encontrar pontos de confluência para o estabelecimento de relações menos temerárias para a humanidade como um todo?

KUZNETSOV: Novamente me voltarei para o *pathos* de Fiódor Dostoiévski, um autor que, em muitos momentos de sua obra, hasteia bandeiras eslavófilas que o transformariam em conselheiro vitalício de Vladímir Putin. Para boa parte das personagens de Dostoiévski, sempre há esperança, até que o cortejo fúnebre conduzido por dois ou três entes queridos e amigos acompanhe nosso caixão sepultura adentro.

Adeus às armas?

São Petersburgo, 15 de julho de 2018

Cemitério Tikhvin, nas imediações da estação de metrô Praça de Alexandre Niévski.

Há quase 10 anos, em setembro de 2008, visitei o túmulo do escritor Fiódor Mikháilovitch Dostoiévski pela primeira vez.

Vou me aproximando da sepultura com expectativa – o lusco-fusco da memória se antecipa ao busto do autor com sua calva avançada e a barba longeva, desgrenhada e aberta em v na ponta, como a língua de uma serpente venenosa (ou do diabo em pessoa).

Súbito, quando estou a 30 passos (se tanto) do túmulo, entrevejo, apoiado junto à grade que cerca a sepultura, um senhor bem velhinho, com os cabelos brancos e ondulados como chumaços de algodão e as costas abauladas como um casco de tartaruga.

Ivan Fiódorovitch Razumíkhin (chamemo-lo assim) conversa com o busto de Dostoiévski como se o escritor o ouvisse atentamente e lhe replicasse entre uma baforada e outra de seus cigarros de fumo de corda.

Ivan não nota minha aproximação sorrateira – me sento no banco postado a 3 passos dele e de seu interlocutor de bronze: é quando percebo que, com suas mãos curvadas e repletas de nódoas, Ivan vai articulando suas colocações como se quisesse desenhar as palavras. É como se, diante de Dostoiévski, as palavras meramente ditas não se mostrassem tão tangíveis quanto as palavras escritas.

Abro meu caderninho de anotações para tentar capturar as dúvidas agônicas (a bem dizer, os disparos) de Ivan que me soam como as ruínas de alguém que sobreviveu ao crepúsculo de sua própria época.

Assim falou Ivan Fiódorovitch Razumíkhin:

– Fiódor Mikháilovitch, você vaticinou que a beleza salvaria o mundo – eu já não sei se o mundo salvará a beleza.

– Fiódor Mikháilovitch, você chamou os socialistas de sua época de filisteus pelo fato de eles dizerem que um par de botas e uma barra de manteiga eram mais úteis do que um afresco de Rafael – você não chegou a trocar cartas e farpas com a minha geração revolucionária, para a qual a saciedade do estômago precedia todo e qualquer princípio ético e estético, como chegou a sentenciar Bertolt Brecht.

– Fiódor Mikháilovitch, o que você diria do filisteísmo contemporâneo a que a minha União Soviética não conseguiu sobreviver?

– Fiódor Mikháilovitch, o que você diria se cada vez menos pessoas soubessem quem foram Rafael, Dostoiévski e Brecht?

– Fiódor Mikháilovitch, o que você diria se assistisse a um vídeo em que jovens sumamente remediados dos Estados Unidos não conseguem mencionar o título de um único livro que os tenha tocado ao longo de seus primeiros 20 anos?

– Fiódor Mikháilovitch, não seria você o primeiro a subscrever um aforismo de Brecht, segundo o qual há pessoas tão pobres, mas tão pobres, que só têm dinheiro?

– Fiódor Mikháilovitch, Óssip Mandelstam chegou a sentenciar que a Rússia era o único país que levava a poesia verdadeiramente a sério, já que, à época de Stálin, era possível morrer por causa dela. (E você antecipou tudo isso em *Os demônios*, Fiódor Mikháilovitch!)

– Fiódor Mikháilovitch, o que você diria se começasse a sentir saudade do temor e do tremor de Mandelstam que se vinculavam a uma época para a qual a poesia não era simplesmente invisível como os mendigos que vão sendo empilhados em nossas sarjetas?

– Fiódor Mikháilovitch, com a tecnologia contemporânea, é possível chegar, num piscar de olhos, à estrela Sírius que o homem ridículo só pôde alcançar em sonho.

– Fiódor Mikháilovitch, com a tecnologia contemporânea, é possível colonizar a estrela Sírius, com cujos habitantes edênicos o homem ridículo só pôde conviver em sonho.

– Fiódor Mikháilovitch, com a tecnologia contemporânea, é possível pulverizar, num piscar de olhos, a estrela Sírius que o homem ridículo só pôde devastar em sonho.

– Fiódor Mikháilovitch, o que você diria se soubesse que a ciência contemporânea proscreve a literatura e a filosofia como fósseis de épocas mitológicas e metafísicas?

– Fiódor Mikháilovitch, o que você diria se soubesse que a ciência contemporânea considera que todos e cada um dos afetos humanos – o amor e o ódio, a loucura e a sensatez, a fúria e a temperança, o perdão e a vingança, a voracidade e o tédio, a militância e a alienação, a solidariedade e a indiferença, a admiração e a inveja, a euforia e a melancolia, a compaixão e a frieza – podem ser reduzidos a algoritmos bioquímicos passíveis de indução laboratorial?

– Fiódor Mikháilovitch, o que você diria se, ao invés de lançarem mão de tabelas logarítmicas – como projetara o homem do subsolo –, a ciência e a publicidade contemporâneas viessem a utilizar *softwares* sofisticadíssimos para determinar, com alta probabilidade estatística, o que, como e em que quantidade todos e cada um de nós vamos desejar?

– Fiódor Mikháilovitch, e se eu lhe dissesse que a probabilidade estatística é o nome atual para a verdade em um mundo que já não acredita em nada?

– Fiódor Mikháilovitch, e se eu lhe dissesse que cientistas contemporâneos já colocaram eletrodos no cérebro de um rato e o fizeram andar para a esquerda e para a direita segundo os algoritmos da subjetividade laboratorial?

– Fiódor Mikháilovitch, não seria você o primeiro a subscrever um aforismo de Theodor Adorno, segundo o qual não há nenhuma história universal que conduza do selvagem à humanidade, mas há certamente uma história universal ligando o estilingue à bomba atômica?

– Fiódor Mikháilovitch, você não diria que, em face dos assassinatos executados por *drones*, o duplo homicídio cometido por Raskólnikov com uma machada é um crime que exala compaixão?

– Fiódor Mikháilovitch, será que as metamorfoses desta época não requerem que *Crime e castigo* seja rebatizado (sem Deus) como *Crimes sem castigo*?

– Fiódor Mikháilovitch, eu me lembro bem de que a jovem e impulsiva Aglaia Iepántchina assim sentenciou para o Príncipe Míchkin, fusão literária de Jesus Cristo e Dom Quixote: "Míchkin, você só tem a verdade... e, portanto, é muito cruel".

– Fiódor Mikháilovitch, será que, em face desta época, Aglaia não chegaria a dizer que a crueldade sem qualquer verdade é infinitamente pior?

– Fiódor Mikháilovitch, ao invés de *O idiota* ser uma alegoria para a impossibilidade de a bondade do Príncipe Míchkin prevalecer em nosso mundo que não consegue cicatrizar suas feridas, o título de seu romance não teria sido um prenúncio de Donald Trump, seus eleitores e discípulos políticos mundo afora?

– Fiódor Mikháilovitch, como sua obra anteviu e dissecou o autoritarismo de esquerda e de direita, não seria você o primeiro a subscrever um aforismo de Brecht, segundo o qual a cadela do fascismo está sempre no cio?

– Fiódor Mikháilovitch, se eu não consigo deixar de querer que o homem do subsolo peça perdão para a jovem Liza e tente amá-la para além do charco do ressentimento, será que eu ainda posso respirar sem a tutela dos aparelhos desta época?

– Fiódor Mikháilovitch, o que você sentiria em uma época que silenciou o badalar dos sinos em prol do ódio que buzina?

– Fiódor Mikháilovitch, o que você diria se matérias falsas (na verdade, meras manchetes) postadas em redes sociais tivessem o poder de determinar o voto dos eleitores?

– Fiódor Mikháilovitch, o que você diria a homens e mulheres que já não querem ter filhos pelo fato de a paternidade ser uma relação irrevogável?

– Fiódor Mikháilovitch, se viesse a dissecar esta época, você conseguiria discernir entre os sentimentos de pesar, ojeriza, impotência e medo?

– Fiódor Mikháilovitch, que fazer?

– Fiódor Mikháilovitch, por quê?

– Fiódor Mikháilovitch, para quê?

– Fiódor Mikháilovitch, esta época transformou a última pergunta em espírito do tempo e relegou ao exílio – ou, por outra, à falta de anunciantes – as duas perguntas que a antecedem.

– Fiódor Mikháilovitch, você sentenciou que todos e cada um de nós não apenas vivemos – nós buscamos (a bem dizer, perseguimos) um sentido para viver.

– Fiódor Mikháilovitch, se esta época faz com que a falta de sentido para viver persiga a todos e a cada um de nós, que fazer para continuar a continuar?

– Fiódor Mikháilovitch, eu sou órfão de uma época que acreditou ser possível resgatar o Éden de seu cativeiro bíblico para transformá-lo em uma terra sem amos.

– Fiódor Mikháilovitch, Oscar Wilde estava certo, então, quando sentenciou que mais difícil do que realizar um sonho é dele abrir mão?

– Fiódor Mikháilovitch, que fazer quando o luto me é mais vivaz do que a artéria em meu pescoço?

– Fiódor Mikháilovitch, seria possível voltar a acreditar em algo pelo fato de a memória dos momentos de entrega e comunhão ainda desenhar nos cantos da minha boca um esboço de sorriso para além das rugas e vincos?

– Fiódor Mikháilovitch, seria possível ao adulto recuperar a maturidade da criança ao brincar, como recitava a poesia de Nietzsche?

– Fiódor Mikháilovitch, seria possível ao velho recuperar a maturidade da criança ao brincar sem ter que voltar a usar fralda e babador?

– Fiódor Mikháilovitch, o fato de eu perseguir um sentido não significa que ele exista, assim como o fato de eu querer que a vida continue após a morte não pressupõe a eternidade.

– Fiódor Mikháilovitch, a ciência contemporânea vem mapeando cada quadrante do ser humano e ainda não encontrou resquício algum do espírito.

– Fiódor Mikháilovitch, até quando Deus permanecerá em silêncio?

– Fiódor Mikháilovitch, até quando o silêncio buscará Deus?

– Fiódor Mikháilovitch, a humanidade já acreditou que, pelo fato de termos vontade de vivenciar a suma beleza e a infinita bondade, tal esperança só poderia provir de uma entidade sumamente bela e infinitamente boa, isto é, de Deus.

– Fiódor Mikháilovitch, quem poderia ser o sujeito existencial da frase "acabei de morrer"?

– Fiódor Mikháilovitch, até quando precisarei acreditar em Deus por meio de labirintos?

– Fiódor Mikháilovitch, até quando me sentirei em labirintos por acreditar em Deus?

– Fiódor Mikháilovitch, o otimismo revolucionário do jovem Marx o fez sentenciar que, em face do potencial criador e transformador da modernidade, tudo o que até então era sagrado seria profanado e tudo o que até então era sólido se desmancharia no ar. Cientistas contemporâneos – os apóstolos do apocalipse sem Deus – calculam que, em 50 anos (se tanto), já não haverá petróleo e guerras por água irromperão. Já não falta muito, então, para que a revolução não consiga mais morder o próprio rabo e tenha que fazer o elogio de seu próprio naufrágio.

– Fiódor Mikháilovitch, seu pessimismo cristão em face da modernidade crescentemente ateia o fez sentenciar que, se Deus não existe, tudo é permitido. Será mesmo que, sem o freio de um Deus paternalista e anacrônico a ditar limites, os homens e mulheres não conseguirão fazer com que Eros e Tânatos selem uma trégua?

– Fiódor Mikháilovitch, há algo mais belo e justo do que a noção de que, em face da eternidade, entes queridos jamais se separam?

– Fiódor Mikháilovitch, há algo mais belo e justo do que a noção de que, em face da eternidade, todos aqueles que têm sede serão saciados?

– Fiódor Mikháilovitch, me responda de uma vez: por que a vida e a história não desmentem Franz Kafka, quando ele sentencia que há esperança, mas não para nós?

O que que a Rússia tem?

Henrique Canary[1]

Não se entende a Rússia com a razão,
Com parâmetro comum não se há de mensurar
Ela tem uma especial constituição –
Na Rússia, só se pode acreditar.

Fiódor Tiutchev, 1866[2]

Como escreveu Fábio Altman no prefácio a este livro, "nenhuma Copa do Mundo teria graça se fosse apenas futebol". A cada quatro anos centenas de milhares de pessoas viajam ao país-sede do evento mais importante do futebol mundial para participar da festa, sem necessariamente assistir aos jogos. Com a Rússia, não foi diferente. Segundo a Agência Russa de Turismo, 2,7 milhões de pessoas visitaram o país durante a Copa do Mundo de 2018[3], enquanto o número de ingressos vendidos foi de cerca de 2,5 milhões[4]. Considerando que muitos torcedores compram ingressos para vários jogos, pode-se ter uma vaga ideia da quantidade de pessoas que simplesmente aproveitou a oportunidade

---

1. Henrique Canary, doutorando em Cultura Russa pela USP, é historiador, tradutor e professor de russo.

2. Fiódor Ivánovitch Tiutchev, *Polnoe sobranie sotchinenii. Pisma.* Tom 2. Moscou: Izdatelskii Tsentr "Klassika", 2003. p. 165 (tradução nossa). No original: "Умом – Россию не понять,/ Аршином общим не измерить./ У ней особенная стать – / В Россию можно только верить".

3. Fonte: <*https://bit.ly/2sX0OdK*>.

4. Fonte: <*https://bit.ly/2RWdn8q*>.

para viajar e conhecer o antigo império dos tsares. O mundo da russística logo percebeu essa inflexão. Mesmo em um país distante como o Brasil, o interesse pelas letras russas, que já vinha crescendo há alguns anos, aumentou sensivelmente durante a Copa, com gente procurando cursos de idioma, literatura e cultura russa ou simplesmente buscando se informar. As editoras especializadas em literatura russa aceleraram a publicação de obras clássicas, soviéticas e contemporâneas, que por sua vez foram intensamente resenhadas pelos jornais e revistas do ramo. Aumentou o interesse também pelas questões históricas e de política internacional relativas à Rússia e seu novo papel no mundo. O ano de 2018 pertenceu, sem dúvida, à Rússia, que, com sua cultura, força e mistério, ocupou não apenas o centro da arena internacional, mas também – e talvez isso seja o mais importante – o imaginário de muitos milhões de pessoas.

Entre os viajantes-aventureiros que aproveitaram a Copa do Mundo para explorar esse mágico mundo, estava Flávio Ricardo Vassoler. Mas sua viagem foi muito diferente das milhares de outras viagens que tiveram lugar nesse período. Ela serviu a um objetivo mais amplo. Nasceu dela uma série de relatos e reflexões que compõem um retrato vivo e pulsante da Rússia, sua atualidade e sua história, seu povo e sua cultura, e que agora, para nosso deleite, estão reunidos neste livro.

As crônicas de Vassoler dispensam qualquer introdução ou mesmo conclusão geral. Sua riqueza está justamente no fato de que compõem um todo único e autossuficiente. Mas exatamente por isso elas despertam muitas reflexões. Uma delas diz respeito a um tema que sempre foi muito polêmico e que continua sendo objeto de debates entre russófilos: por que a Rússia encanta tanto? Em que reside exatamente seu enigma? A rigor, a cultura russa está muito mais próxima da cultura ocidental do que as culturas do Extremo Oriente, por exemplo; o alfabeto russo é muito mais aparentado com o nosso do que o árabe; o idioma russo, por incrível que pareça, é uma espécie de primo em terceiro grau do português, pertencendo também ao tronco indo-europeu, ainda que localizado em outro ramo da árvore; nem mesmo na época da União Soviética a Rússia poderia ser considerada o país mais fechado do mundo. Todos esses elementos pareceriam depor a favor de uma certa proximidade e, consequentemente, uma relativa identidade entre nossas culturas. E, no entanto, o véu de mistério que envolve a Rússia, sua história e sua cultura não só permanece, como inclusive parece ter se tornado ainda mais espesso nos últimos anos, despertando enorme interesse de especialistas e amadores. Por quê?

Se eu tivesse que arriscar uma hipótese, diria que o que existe de especial na Rússia é exatamente sua condição única, o fato de que ela não pode ser encaixada completamente nem no marco das civilizações ocidentais, nem tampouco pertence completamente ao Oriente. O que há de especial na Rússia é que ela é um mundo à parte. Em seus escritos, Vassoler capta com maestria tal essência, revelando para nós este mundo de maneira sensível e profunda, bem-humorada e exata.

O livro que o leitor tem em mãos é, em primeiro lugar, uma obra literária de primeira qualidade. Como profundo conhecedor da cultura russa, Vassoler não se deixa levar por uma falsa aparência de exotismo. Trata o país e sua história com respeito, e também com espírito crítico, exatamente como deve ser. Os diálogos com a gente simples do povo revelam algo pouco sabido fora da própria Rússia: como os russos vivem intensamente suas emoções! Como discutem com ardor, desde as pequenas questões do cotidiano, até as grandes perguntas da filosofia, da estética e da história!

O relato de Vassoler tem muitos méritos. O primeiro deles é ser abrangente. Em sua viagem, nosso escritor-corinthiano (exatamente assim, com hífen) sai do óbvio e banal binômio Moscou-São Peterburgo e vai até a Rússia profunda, sem a qual não é possível sequer se aproximar da alma desse povo e muito menos entendê-la. Se "Moscou não acredita em lágrimas"[5], talvez o interior ainda o faça. Talvez a província russa, tão bem retratada nas páginas deste livro, seja a guardiã de algo que vem se perdendo nas grandes cidades que se modernizam cada vez mais: uma simplicidade e inocência tipicamente russas, daquelas que encontramos nas mais belas páginas de Tolstói, Turguêniev e Púchkin. Os textos de Vassoler estão repletos de sentimentos russos porque o autor se entregou a esses sentimentos, atravessou a soleira da izbá, tirou as botas em sinal de respeito e sentou-se à mesa para beber à saúde da dona da casa e à alegria do encontro, como manda a tradição russa.

Por diversos que sejam os relatos de Vassoler, o leitor terá notado que os problemas da guerra e da literatura ocupam um lugar central em quase todos eles. Isso não se deve apenas às inclinações pessoais do autor, mas está completamente de acordo com o real peso que tais questões têm no cotidiano dos russos. Com razão, os russos se consideram um povo "literaturocêntrico", devido ao fato de que a mentalidade russa é tanto criadora quanto criatura de sua rica literatura nacional. Mas, junto com a literatura, a guerra (em especial a Segunda Guerra Mundial) também teve um papel fundamental na formação do povo. E eles sabem disso. Não esquecem nem pensam em esquecer. Se em seu tempo a guerra foi dor, tragédia e morte, hoje ela é parte da própria identidade dos

---

5. *Moscou não acredita em lágrimas.* Direção de Vladimir Menchov. Moscou: Mosfilm, 1980 (148 min.).

russos, sua segunda natureza, não por escolha, mas por imposição da história. Em grande medida, é a memória da guerra que une os russos, dando solidez e coerência ao tecido social. "No geral, somos um povo bélico", sentencia a Prêmio Nobel de Literatura Svetlana Aleksiévitch em seu já consagrado *O fim do homem soviético*. E continua: "Ou guerreávamos ou nos preparávamos para a guerra. Nunca vivemos de outra maneira"[6]. Essa dupla natureza – tragédia e alicerce da vida – do maior e mais terrível evento do século 20 não passou despercebida pela pena de Vassoler, que a pintou nas devidas cores e nas proporções justas.

Como escritor profundamente dostoievskiano que é, Vassoler não deixa de remexer um pouco na alma humana para ver daí o que sai – de bom e de ruim. A visita ao Bunker 42 não é apenas literal. É também uma metáfora. Vassoler desceu ao subsolo e falou com o russo que lá habita. Seus diálogos com a gente simples são abertos e provocativos, como os russos gostam. Que respostas ácidas! Que confissões lhe fizeram os russos! Lendo os diálogos, me vi reproduzindo mentalmente a entonação das réplicas e tréplicas, o engajamento com que cada ponto de vista foi defendido – a paixão russa. Ao olhar para o presente e para o passado, nosso autor não deixa de se indagar sobre o futuro. Eis a pergunta que atormenta não apenas os russos, mas todos nós que nutrimos um especial carinho pelo país: *chto budet?* – o que será?

Porque observa com rigor, mas tem empatia; porque emite suas próprias opiniões, mas respeita; porque, ao invés de condenar, busca entender – por tudo isso, o nacional russo emerge destas páginas como o que é: simples e complexo, próximo e distante, cristalino e misterioso. É enorme o serviço prestado por Vassoler,

---

6. Svetlana Aleksiévitch, *O fim do homem soviético*. Tradução de Lucas Simone. São Paulo: Companhia das Letras, 2016, p. 21.

tanto àqueles que já conhecem a Rússia mais de perto quanto aos que estão entrando em contato com o país pela primeira vez. Tão vivo e verdadeiro é o seu relato, que se quer estar lá. E todo aquele que leu estas páginas esteve lá.

COLEÇÃO HEDRA

1. *Iracema*, Alencar
2. *Don Juan*, Molière
3. *Contos indianos*, Mallarmé
4. *Auto da barca do Inferno*, Gil Vicente
5. *Poemas completos de Alberto Caeiro*, Pessoa
6. *Triunfos*, Petrarca
7. *A cidade e as serras*, Eça
8. *O retrato de Dorian Gray*, Wilde
9. *A história trágica do Doutor Fausto*, Marlowe
10. *Os sofrimentos do jovem Werther*, Goethe
11. *Dos novos sistemas na arte*, Maliévitch
12. *Mensagem*, Pessoa
13. *Metamorfoses*, Ovídio
14. *Micromegas e outros contos*, Voltaire
15. *O sobrinho de Rameau*, Diderot
16. *Carta sobre a tolerância*, Locke
17. *Discursos ímpios*, Sade
18. *O príncipe*, Maquiavel
19. *Dao De Jing*, Lao Zi
20. *O fim do ciúme e outros contos*, Proust
21. *Pequenos poemas em prosa*, Baudelaire
22. *Fé e saber*, Hegel
23. *Joana d'Arc*, Michelet
24. *Livro dos mandamentos: 248 preceitos positivos*, Maimônides
25. *O indivíduo, a sociedade e o Estado, e outros ensaios*, Emma Goldman
26. *Eu acuso!*, Zola | *O processo do capitão Dreyfus*, Rui Barbosa
27. *Apologia de Galileu*, Campanella
28. *Sobre verdade e mentira*, Nietzsche
29. *O princípio anarquista e outros ensaios*, Kropotkin
30. *Os sovietes traídos pelos bolcheviques*, Rocker
31. *Poemas*, Byron
32. *Sonetos*, Shakespeare
33. *A vida é sonho*, Calderón
34. *Escritos revolucionários*, Malatesta
35. *Sagas*, Strindberg
36. *O mundo ou tratado da luz*, Descartes
37. *O Ateneu*, Raul Pompeia
38. *Fábula de Polifemo e Galateia e outros poemas*, Góngora
39. *A vênus das peles*, Sacher-Masoch
40. *Escritos sobre arte*, Baudelaire
41. *Cântico dos cânticos*, [Salomão]
42. *Americanismo e fordismo*, Gramsci
43. *O princípio do Estado e outros ensaios*, Bakunin

44. *O gato preto e outros contos*, Poe
45. *História da província Santa Cruz*, Gandavo
46. *Balada dos enforcados e outros poemas*, Villon
47. *Sátiras, fábulas, aforismos e profecias*, Da Vinci
48. *O cego e outros contos*, D.H. Lawrence
49. *Rashômon e outros contos*, Akutagawa
50. *História da anarquia (vol. 1)*, Max Nettlau
51. *Imitação de Cristo*, Tomás de Kempis
52. *O casamento do Céu e do Inferno*, Blake
53. *Cartas a favor da escravidão*, Alencar
54. *Utopia Brasil*, Darcy Ribeiro
55. *Flossie, a Vênus de quinze anos*, [Swinburne]
56. *Teleny, ou o reverso da medalha*, [Wilde et al.]
57. *A filosofia na era trágica dos gregos*, Nietzsche
58. *No coração das trevas*, Conrad
59. *Viagem sentimental*, Sterne
60. *Arcana Cœlestia* e *Apocalipsis revelata*, Swedenborg
61. *Saga dos Volsungos*, Anônimo do séc. XIII
62. *Um anarquista e outros contos*, Conrad
63. *A monadologia e outros textos*, Leibniz
64. *Cultura estética e liberdade*, Schiller
65. *A pele do lobo e outras peças*, Artur Azevedo
66. *Poesia basca: das origens à Guerra Civil*
67. *Poesia catalã: das origens à Guerra Civil*
68. *Poesia espanhola: das origens à Guerra Civil*
69. *Poesia galega: das origens à Guerra Civil*
70. *O chamado de Cthulhu e outros contos*, H.P. Lovecraft
71. *O pequeno Zacarias, chamado Cinábrio*, E.T.A. Hoffmann
72. *Tratados da terra e gente do Brasil*, Fernão Cardim
73. *Entre camponeses*, Malatesta
74. *O Rabi de Bacherach*, Heine
75. *Bom Crioulo*, Adolfo Caminha
76. *Um gato indiscreto e outros contos*, Saki
77. *Viagem em volta do meu quarto*, Xavier de Maistre
78. *Hawthorne e seus musgos*, Melville
79. *A metamorfose*, Kafka
80. *Ode ao Vento Oeste e outros poemas*, Shelley
81. *Oração aos moços*, Rui Barbosa
82. *Feitiço de amor e outros contos*, Ludwig Tieck
83. *O corno de si próprio e outros contos*, Sade
84. *Investigação sobre o entendimento humano*, Hume
85. *Sobre os sonhos e outros diálogos*, Borges | Osvaldo Ferrari
86. *Sobre a filosofia e outros diálogos*, Borges | Osvaldo Ferrari
87. *Sobre a amizade e outros diálogos*, Borges | Osvaldo Ferrari
88. *A voz dos botequins e outros poemas*, Verlaine

89. *Gente de Hemsö*, Strindberg
90. *Senhorita Júlia e outras peças*, Strindberg
91. *Correspondência*, Goethe | Schiller
92. *Índice das coisas mais notáveis*, Vieira
93. *Tratado descritivo do Brasil em 1587*, Gabriel Soares de Sousa
94. *Poemas da cabana montanhesa*, Saigyō
95. *Autobiografia de uma pulga*, [Stanislas de Rhodes]
96. *A volta do parafuso*, Henry James
97. *Ode sobre a melancolia e outros poemas*, Keats
98. *Teatro de êxtase*, Pessoa
99. *Carmilla — A vampira de Karnstein*, Sheridan Le Fanu
100. *Pensamento político de Maquiavel*, Fichte
101. *Inferno*, Strindberg
102. *Contos clássicos de vampiro*, Byron, Stoker e outros
103. *O primeiro Hamlet*, Shakespeare
104. *Noites egípcias e outros contos*, Púchkin
105. *A carteira de meu tio*, Macedo
106. *O desertor*, Silva Alvarenga
107. *Jerusalém*, Blake
108. *As bacantes*, Eurípides
109. *Emília Galotti*, Lessing
110. *Contos húngaros*, Kosztolányi, Karinthy, Csáth e Krúdy
111. *A sombra de Innsmouth*, H.P. Lovecraft
112. *Viagem aos Estados Unidos*, Tocqueville
113. *Émile e Sophie ou os solitários*, Rousseau
114. *Manifesto comunista*, Marx e Engels
115. *A fábrica de robôs*, Karel Tchápek
116. *Sobre a filosofia e seu método — Parerga e paralipomena (v. II, t. I)*, Schopenhauer
117. *O novo Epicuro: as delícias do sexo*, Edward Sellon
118. *Revolução e liberdade: cartas de 1845 a 1875*, Bakunin
119. *Sobre a liberdade*, Mill
120. *A velha Izerguil e outros contos*, Górki
121. *Pequeno-burgueses*, Górki
122. *Um sussurro nas trevas*, H.P. Lovecraft
123. *Primeiro livro dos Amores*, Ovídio
124. *Educação e sociologia*, Durkheim
125. *Elixir do pajé — poemas de humor, sátira e escatologia*, Bernardo Guimarães
126. *A nostálgica e outros contos*, Papadiamántis
127. *Lisístrata*, Aristófanes
128. *A cruzada das crianças/ Vidas imaginárias*, Marcel Schwob
129. *O livro de Monelle*, Marcel Schwob
130. *A última folha e outros contos*, O. Henry
131. *Romanceiro cigano*, Lorca

132. *Sobre o riso e a loucura*, [Hipócrates]
133. *Hino a Afrodite e outros poemas*, Safo de Lesbos
134. *Anarquia pela educação*, Élisée Reclus
135. *Ernestine ou o nascimento do amor*, Stendhal
136. *A cor que caiu do espaço*, H.P. Lovecraft
137. *Odisseia*, Homero
138. *O estranho caso do Dr. Jekyll e Mr. Hyde*, Stevenson
139. *História da anarquia (vol. 2)*, Max Nettlau
140. *Eu*, Augusto dos Anjos
141. *Farsa de Inês Pereira*, Gil Vicente
142. *Sobre a ética — Parerga e paralipomena (v. II, t. II)*, Schopenhauer
143. *Contos de amor, de loucura e de morte*, Horacio Quiroga
144. *Memórias do subsolo*, Dostoiévski
145. *A arte da guerra*, Maquiavel
146. *O cortiço*, Aluísio Azevedo
147. *Elogio da loucura*, Erasmo de Rotterdam
148. *Oliver Twist*, Dickens
149. *O ladrão honesto e outros contos*, Dostoiévski
150. *O que eu vi, o que nós veremos*, Santos-Dumont
151. *Sobre a utilidade e a desvantagem da história para a vida*, Nietzsche
152. *Édipo Rei*, Sófocles
153. *Fedro*, Platão
154. *A conjuração de Catilina*, Salústio

«SÉRIE LARGEPOST»

1. *Dao De Jing*, Lao Zi
2. *Cadernos: Esperança do mundo*, Albert Camus
3. *Cadernos: A desmedida na medida*, Albert Camus
4. *Cadernos: A guerra começou...*, Albert Camus
5. *Escritos sobre literatura*, Sigmund Freud
6. *O destino do erudito*, Fichte
7. *Diários de Adão e Eva*, Mark Twain
8. *Diário de um escritor (1873)*, Dostoiévski

«SÉRIE SEXO»

1. *A vênus das peles*, Sacher-Masoch
2. *O outro lado da moeda*, Oscar Wilde
3. *Poesia Vaginal*, Glauco Mattoso
4. *Perversão: a forma erótica do ódio*, Stoller
5. *A vênus de quinze anos*, [Swinburne]
6. *Explosao: romance da etnologia*, Hubert Fichte

COLEÇÃO «QUE HORAS SÃO?»

1. *Lulismo, carisma pop e cultura anticrítica*, Tales Ab'Sáber
2. *Crédito à morte*, Anselm Jappe
3. *Universidade, cidade e cidadania*, Franklin Leopoldo e Silva
4. *O quarto poder: uma outra história*, Paulo Henrique Amorim
5. *Dilma Rousseff e o ódio político*, Tales Ab'Sáber
6. *Descobrindo o Islã no Brasil*, Karla Lima
7. *Michel Temer e o fascismo comum*, Tales Ab'Sáber
8. *Lugar de negro, lugar de branco?*, Douglas Rodrigues Barros

COLEÇÃO «ARTECRÍTICA»

1. *Dostoiévski e a dialética*, Flávio Ricardo Vassoler
2. *O renascimento do autor*, Caio Gagliardi

Adverte-se aos curiosos que se imprimiu este livro em nossas oficinas, em 7 de maio de 2019, em tipologia Libertine, com diversos sofwares livres, entre eles, LuaLaTeX, git & ruby.

(v. 2bddbe9)